제자

제자화를 위한 성경연구

교사지침서 · 개정판

Cover design by **Mary M. Johannes**. Illustration on page 85 is reprinted from DISCIPLE: BECOMING DISCIPLES THROUGH BIBLE STUDY Study Manual, copyright © 1993 by Abingdon Press. Maps on pages 48, 73 are reprinted from DISCIPLE: BECOMING DISCIPLES THROUGH BIBLE STUDY Study Manual, copyright © 1993 by Abingdon Press.

Neil M. Alexander, Editorial Director, Abingdon Press; Dal Joon Won, Editor of DISCIPLE in Korean Edition; Geumhee Cho, Assistant Editor; Eunran Um, Layout Designer; Yon-sil Yu, Dal Joon Won, Translators.

For more information about DISCIPLE or DISCIPLE training events, call toll free 800-251-8591 or 800-672-1789.

목차

목차

제자훈련 교재를 사용하도록 권장한다

제자훈련 교재의 각 부분은 매일 준비할 내용과 매주 모임을 위하여 특별히 준비할 내용이 있다.

주제

주제는 각 과의 제목과 성경 내용의 단서가 된다.
● 매번 모일 때마다 주제를 전시한다.
● 전체 이야기의 순서와 성경 이야기의 내용을 상기시키기 위하여 사람들로 하여금 각 과의 제목과 주제를 암기하도록 권장한다.

요절

요절은 각 과의 초점을 말하여 주며 개회예배를 보는 동안 한 목소리로 같이 읽거나 아니면 암기한 요절들을 발표하도록 한다.

제목

제목은 사건이나 내용을 표현하고 있으며 창세기로부터 요한계시록까지의 성경 이야기를 요약하여 주고 있다.

인간의 상태 (우리는 어디에 있는가?)

"인간의 상태"는 우리가 누구인가를 말하여 준다. "제자의 표"는 우리가 변하여 제자가 되어가는 것을 말하여 주며 "제자의 표"는 "인간의 상태"가 암시하여 주는 문제에 대한 해결책이 되기도 한다. 사람들로 하여금 그들의 경험에 입각하여 "인간의 상태"를 서로 나누도록 권장한다.

성경 읽기

이 제자훈련의 중심 내용은 성경이다. 매일 성경을 읽는 훈련과 성경을 연구하는 훈련을 쌓는 것과 그 훈련을 계속 유지하는 것이 제자가 되어가는 과정에서 중요한 요소가 됨을 강조한다.
● "성경 읽기"는 매일 읽어야 할 성경구절, 매주 공부하여야 할 내용, 그리고 교재가 지시하는 대로 응할 부분을 가리킨다.
● 각 과의 둘째 페이지에는 공란이 준비되어 있다. 그 공란의 목적은 매일 성경을 읽으면서 질문이나, 새로운 깨달음이나, 중요하다고 생각되는 내용들을 기록하는 데 있다. 매주 같이 공부하는 동안에 기록한 내용들을 서로 나누고 또 토의할 수 있는 기회가 많이 있을 것이다.
● 그룹 회원들로 하여금 매일 그 공란을 기록할 것을 약속하도록 인도한다.
● 교사인 당신 스스로가 매일 성경을 읽고, 공부하고, 기록하는 모범을 회원들에게 보여준다.

● 성경에 줄을 치면서 읽도록 권장한다.
● 그룹 회원들이 매주 준비한 내용들을 될 수 있는 대로 반원들과 함께 나누도록 한다. 매주 기록한 내용들을 얼마만큼 공부시간에 서로 나눌 수 있느냐에 따라 회원들이 숙제에 임하는 태도가 결정될 것이다.

기도

제자훈련 교재에 기록되어 있는 시편들은 개인 기도의 출발점이다.
● 매주 개인이 원하는 기도 제목들과 성경을 공부하면서 생기는 기도 제목들을 회원들로 하여금 기록하도록 권장한다.
● 서로를 위하여 기도할 수 있는 기회를 마련한다. 매주 종이 쪽지에다 회원들의 이름을 하나씩 적고 그 이름이 적힌 쪽지들을 서로 하나씩 나누어 갖게 함으로써 자기가 뽑은 사람을 위해 매일 기도하는 기회를 갖도록 한다.

성경의 가르침

성경의 가르침 부분은 성경을 해석하고 또 그로부터 의미를 찾아낸다.
● 당신이 혼자서 성경을 읽는 동안이나 다른 회원들이 자기들 나름대로 깨달은 사실들을 서로 나누는 동안 중요한 내용들을 빈 여백에 기록하도록 한다.
● 기록한 내용들을 서로 나눌 수 있는 방법을 결정한다. 어떤 내용은 혼자만 간직하기를 원하는 것이 있을 것이고, 또 어떤 내용은 둘 셋씩 짝지어 나누게 할 수도 있을 것이고, 또 어떤 내용은 전체 그룹에서 나누는 것이 좋은 것도 있을 것이다.

제자의 표

각 과에 적혀 있는 제자의 표는 예수 그리스도의 제자의 특징들을 요약함과 동시에 그 제자의 특징들을 실천할 것을 강조하는 부분이다.
● "제자의 표"와 "인간의 상태"를 연관시켜 생각하게 한다.
● 제자의 표가 있는 빈칸에 적은 내용들을 서로 나눌 수 있도록 여러 모로 시도한다.
● 제자의 특징들을 실천하도록 요구하는 내용들에 대하여 회원들이 어떻게 이행할 수 있을까 결정한다.

추가 연구

이 부분은 제시한 참고서적들을 조사한 후 전체 그룹 앞에서 발표할 수 있도록 준비하는 부분이다.
● 회원들 각자가 조사 연구한 내용들을 보고할 수 있는 시간을 가진다.

매주 시간표

개회기도 (5분)

한두 사람만이 왔더라도 정시에 시작하라. 이 시간은 예배가 될 수도 있고, 주제와 요절 그리고 기도를 소리내어 같이 읽을 수도 있고, 찬송을 같이 부를 수도 있다.

토의 시작 (20-25분)

토의 시작 내용은 같은 주제 하에 같은 내용을 전 회원들에게 전달할 수 있는 기회이다.

● 토의 시작의 내용을 잘 이해한 후 요점만 전달하여 준다. 처음부터 끝까지 읽지 말라.

● 회원들로 하여금 질문할 수 있는 기회를 준다.

● 이야기하는 도중 중요하다고 생각하는 내용들을 회원들로 하여금 기록하게 한다.

● "준비"는 회원들이 신경을 써서 들어야 할 내용을 미리 알려주는 것이다.

● "정보"는 "토의 시작" 내용을 요약한 것이다.

● "대화"는 "토의 시작"의 내용을 가지고 서로 대화를 나누는 것이다.

성경과 교재 (50분)

회원들이 성경을 읽거나 공부하는 과정에서 생기는 질문들과 정보들을 조직적으로 잘 정돈하여서 다룰 수 있도록 도와준다. 의미를 찾을 수 있도록 계획한다. 똑같은 내용이 중복되지 않도록 조심한다.

휴식 (10분)

10분만 휴식한다. 이 휴식 시간에는 음료수만 준비한다.

말씀과의 만남 (25분)

할당된 성경구절들 중에서 선택한 구절에 초점을 둔다. 그룹 회원들은 공부를 하였어도 상세하게 연구하지 못하였을 것이다. 교사로서 어떤 구절을 택할 것인지 회원들에게 미리 말하지 말라. 회원들이 각 과에 있는 내용들을 포괄적으로 공부할 수 있도록 도와 준다. 그러나 교사로서 어떤 과정을 밟을 것인지 분명히 결정한다.

제자의 표 (20분)

이 시간에는 제자가 된다는 것이 무엇을 의미하는가를 생각하게 될 것이다. 회원들이 이 부분을 위하여 준비한 내용들과 공부를 통하여 분명히 나타난 내용들을 서로 나눌 수 있도록 도와 주라. 특히 "제자의 표"와 "인간의 상태"를 연관시키는 것이 중요하다고 강조한다. 제자가 된다는 사실이 각 과의 초점이요 전 교재의 초점이기도 하다. 그러므로 이 시간을 유효하게 사용할 수 있도록 최선을 다한다.

폐회기도 (10분)

다음 과 빈 공란에 함께 기도할 제목들을 적는다. 이번 주 성경 읽기에 대하여 언급한다. 기도와 찬송과 적절한 예배로 정시에 공부를 끝내도록 한다.

교안 작성

과_____ 제목_____

개회기도
(5분) (   )

토의 시작
(20-25분) (   )

강사 소개

내용

토의

성경과 교재
(50분) (   )

휴식
(10분) (   )

말씀과의 만남
(25분) (   )

제자의 표
(20분) (   )

폐회기도
(10분) (   )

제자의 표

이 성경연구의 각 과는 독특한 제자의 표를 제시하고 있다. 다음 것들은 각과에 실려 있는 34개의 제자의 표를 종합하여 놓은 것이다.

예수 그리스도의 제자들은

1. 성경의 권위와 능력 앞에 무릎을 꿇는다.
2. 하나님께 속하여 있다는 것을 알며, 하나님은 그들을 당신의 것이라고 주장한다.
3. 인간의 반항심을 인정하고, 죄에 대한 자신의 책임을 수락하고, 회개한다.
4. 신앙의 언약공동체의 일원이 되라는 하나님의 부르심에 응답하고, 하나님과 맺은 언약에 헌신할 것을 십일조로 표현한다.
5. 해방의 메시지를 전달하라는 하나님의 부르심을 듣고 이에 순종한다.
6. 하나님의 율법을 실행으로 확증한다.
7. 공동예배에 열심히 참석한다.
8. 성실하고 복종하는 지도자로서 방향의식과 목적의식을 제공해 준다.
9. 하나님을 잘 섬기는 지도자들을 존경하고 후원하지만 오로지 하나님께만 충성을 다한다.
10. 지역사회를 향하여, 교회와 민족과 세계를 향하여 외치는 예언자의 소리를 듣고 인정할 뿐만 아니라 때때로 스스로 예언자가 된다.
11. 죄의 결과를 겸손히 받아들이고, 용서를 빌고, 치유와 새로운 헌신의 기회를 찾는다.
12. 죄의 결과로 고난을 당할 때 절망하지 않고 봉사할 것을 다짐한다.
13. 생각과 느낌을 통하여 하나님을 신뢰한다.
14. 순종의 대가가 크더라도 하나님의 율법에 일치되는 삶을 살려고 노력한다.
15. 이해할 수 없는 고난 가운데서도 하나님을 신뢰한다.
16. 구약에 있는 신앙의 선조들의 신앙체험에 뿌리를 박고 있음을 깨닫고 하나님 나라를 목격하리라는 소망 중에 산다.
17. 구약에 있는 신앙의 선조들의 신앙체험과 관계를 가지고 예수 그리스도의 복음을 듣는다.
18. 철저한 제자가 되라는 그리스도의 부름에 응답한다.
19. 기만과 가식을 버리고 세상과의 충돌이 긴장을 가져온다 할지라도 사람들을 제자로 만든다.
20. 그들의 선교가 자기를 부인하고 고난받는 것으로 이해한다.
21. 하나님 나라의 선교를 위하여 소자, 나중된 자, 그리고 잃은 자들을 위하여 모든 정열을 쏟는다.
22. 그리스도 안에서 생명을 체험한다.
23. 풍성한 영생을 마음속에 확신한다.
24. 성령의 임재와 성령의 능력을 체험한다.
25. 사람들을 예수 그리스도에게로 인도하기 위하여 증거한다.
26. 예수 그리스도 안에 나타난 하나님의 용서하시는 사랑을 받아들이고 신뢰하며 사랑과 감사하는 마음으로 봉사한다.
27. 서로 사랑한다.
28. 하나님과 이웃을 사랑함으로써 자유를 체험하고 또 그 자유를 나타낸다.
29. 믿음의 지도자들로부터 바른 교훈을 배우려고 힘쓴다.
30. 하나님의 용서하심을 받아들인다.
31. 내적으로는 특별한 성품의 소유자이며 외적으로는 사랑의 징표를 지녀야 한다는 것을 알며, 그들은 다른 사람들과 다르고 특별히 구별된 백성이라는 사실을 안다.
32. 고난과 박해 가운데서도 하나님께 충성을 다한다.
33. 그들의 은사를 다른 사람들을 위해 사용한다.
34. 하나님이 뜻하시는 대로 섬길 것을 약속하고 그들의 삶을 하나님께 맡긴다.

본 교재를 가르치기 위한 준비

● 과거에 배운 지식이나 익숙한 성경구절에 너무 의존하지 않는다. 매일 성경 읽기와 각 과에서 공부할 성경구절들을 처음 대하는 자세로 읽는다.

● 회원들로 하여금 제자훈련 교재 전체의 내용을 한꺼번에 준비해 두지 말고 한 주에 할당된 내용을 그 주 안에 성실하게 준비하도록 권장한다. 또 그룹 진행도 그렇게 계획한다.

● 토의 시작, 매주의 성경 읽기, 그리고 본 교재의 성경 내용들을 할당된 시간 내에 다루도록 노력한다.

● 공부 시간 내에 활동이 필요할 때에는 그룹 전체가 같이 하는 것이 더 효과적인지, 아니면 혼자서 하는 것이 더 효과적인지를 미리 계획한다.

● 할당된 성경구절이나 제자훈련 교재를 읽을 때마다 복습하여야 할 내용과 그룹에서 다루어야 할 내용의 방안이 제시되어 있다.

● 회원들이 매일 기록한 내용들을 어떤 순서로 어떻게 발표하도록 진행시킬 것인지 결정한다.

　가. 매일 할당된 성경구절들과 공란에 기록한 내용들을 그룹에서 같이 이야기하든가 혹은 소그룹에서 서로 그 내용들을 이야기하게 한다.

　나. 사람들이 성경을 읽고 교재를 준비하는 동안에 제기된 모든 질문들을 한데 묶은 후 하나하나 대답한다.

　다. 회원들이 준비하는 동안 소집한 모든 정보들을 조직적으로 잘 정리한다.
　　─도표를 만든다.
　　─용어 해설표를 만든다.
　　─주요 인물들과 사건들을 나열한다.
　　─신학적인 개념들을 같이 토의한다.
　　─성경과 삶을 연결시킨다.

　라. 본래 뜻하였던 성경의 의도를 설명한다.

● 회원들이 당신이 대답할 수 없는 질문을 던지거나 또는 많은 신학적인 의견을 자아낼 수 있는 질문을 던짐으로써 당신이 미리 준비한 방향으로 진행되지 않을 때가 있음을 예상한다.

● 회원들 중에서 주어진 숙제 이상으로 더 연구 조사한 내용이 있으면 보고할 수 있는 기회를 준다. 또 많은 사람들이 같은 제목을 더 연구 조사하였으면 그룹 토의를 시키든가 아니면 한 사람이 발표한 후 더 추가할 내용이 있으면 추가시킨다.

● 그룹 활동으로서 회원들이 같이 큰 소리로 성경구절들을 읽을 수 있는 기회를 준다.

● 불분명한 내용을 더 분명하게 하기를 원하거나 혹은 추가내용이 필요할 때 회원들로 하여금 이따금 성서주석, 성서지도, 혹은 성서대사전 등을 사용할 수 있는 기회를 준다.

그룹 강화와 유지를 위하여

좋은 그룹을 위한 분위기

공부를 위한 좋은 분위기는 따뜻하고, 서로 신뢰하고, 의욕적이며, 서로 참고, 마음 문을 열며, 서로 돌보고 용인하며, 민감하고, 유머가 있으며, 마음을 탁 터 놓고 이야기할 수 있는 분위기이다.

건전한 공부 분위기는 개인과 그룹이 동시에 존경을 받는 분위기이다. 사람들로 하여금 서로의 느낌과 생각을 경청하고 민감하게 하며 그들의 생각이나 느낌을 솔직하게 표현할 수 있도록 마음을 편하게 하여 준다.

말 없는 사람들을 위하여

● 말하지 않고도 다른 방법으로 그룹에 참여할 수 있다는 사실과 말하지 않아도 괜찮다는 사실을 인정한다. 어떤 특정한 질문에 꼭 대답을 안하여도 되고 또 그룹 활동에 꼭 참여하지 않아도 된다는 사실을 인정한다.

● 크든 작든 모든 공헌은 가치가 있다는 사실을 강조한다. 말하기를 주저하는 이유는 잘못 대답하여 조롱의 대상이 될까봐 두려워하기 때문일 수도 있다. 어떤 사람들은 할 이야기가 없다는 사실을 인정하고, 또 어떤 사람들은 감동을 줄만한 이야기를 생각하여 낼 수도 없다.

● 말 없이 조용한 사람이 말하고 싶어할 때 교사는 특히 민감하여야 한다. 그는 교사의 격려가 필요하다. 몸짓을 지켜 본다. 직접 질문을 던져 당황하지 않도록 조심한다. "당신이 말하고 싶은 것이 있는 모양인데……" 식으로 말함으로써 장본인이 말할 수 있도록 초대한다.

● 소그룹 토의와 활동을 계획한다. 대그룹에 참여하여 이야기하기를 주저하는 사람들 중에는 소그룹에 참여하는 것을 편안하게 느끼는 사람들이 있기 때문이다. 처음에는 조용한 사람들끼리 한 그룹을 만들어 주고, 또 말 많은 사람들끼리 한 그룹을 만들어 주라. 그런 후 점차적으로 서로가 같이 일할 수 있는 기회를 갖도록 그룹을 섞어 준다.

회화를 독차지하는 사람을 위하여

그룹 내에서 회화를 독차지하는 사람을 잘 다루기 위해서는 재치가 있어야 하고 또 신경을 많이 써야 한다.

● 사람들이 행동으로나 언어로 무엇을 말하고 있는지 빨리 터득한다.

● 당신의 음성이나, 행동이나, 얼굴 표현이나, 언어로 회화를 독차지하는 사람에게 교사의 태도를 분명히 한다.

● 당신이 할 수 있는 한 가지 방법은 그 사람이 말한 내용을 종합한 후 다른 사람들로 하여금 그 내용을 더 보충하도록 인도한다.

● 소그룹 활동이나 소그룹의 각 회원들로 하여금 돌아가면서 말할 수 있는 기회를 줌으로써 한 사람이 회화를 독차지하는 경향을 방지할 수 있을 것이다. 그룹 강화와 유지를 위하여 그룹이 처음 모일 때 앞으로 지킬 기본 원칙들을 같이 이야기하여도 좋다. 기본 원칙들을 같이 나눌 때에 회원들이 여러모로 참여하기 바라는 기대와 공부가 끝날 때까지 어떻게 같이 생활하면 좋을까를 나누는 것이 좋다.

제자훈련반 내의 의견충돌을 해결하기 위하여

건전한 그룹 분위기는 자기와 다른 의견들을 얼마나 존중하고 또 어떻게 받아들이느냐에 달려 있고, 사람들로 하여금 자기 나름대로 자기 의견을 개발하도록 권장하는 데 있으며, 더 나아가서는 교사나 혹은 회원 서로간에 의견을 달리 할지라도 회원들로 하여금 편안한 마음을 갖게 하여 주는 데 달려 있다.

다른 사람들의 의견으로부터 위협을 받지 않는 교사는 회원들로부터 빨리 신임을 받을 수 있을 것이다. 의견충돌이 일어날 때에는 자연스럽게 잘 처리한다.

● 각 과의 방향을 그대로 잘 유지한다.

● 논제에 초점을 두고 의견을 나누게 돕고 논쟁자들에게 초점을 두지 않도록 조심한다.

● 적절할 때마다 논점을 종합하고 의견 차이와 의견 일치를 명확하게 말하여 준다.

● 계속하여서 논쟁의 초점을 논제에서 떠나지 못하도록 한다.

● 논쟁 내용을 회원들로 하여금 성서사전이나 성서주석을 참고하여 더 연구 조사하도록 한다.

● 의견 차이를 일치시킬 필요도 없고, 또 가능하지도 않다고 생각이 들 때에는 의견 차이 그 자체를 인정한다.

● 만약 논쟁 내용이 그룹 회원들에게 적합하지 않다고 생각하면 논쟁자들로 하여금 공부가 끝난 후에 둘이서 이야기하도록 한다.

● 학습을 계획한 대로 이끌기 위하여 언제, 어떻게 토의를 중단시킬 것인지 항상 생각한다.

● 열렬히 토의할 때에는 칭찬하여 준다.

● 의견충돌 때문에 열렬히 토의하는 도중이나 토의하고 난 후에도 그 사람들을 돌보고 용납한다는 사실을 보여준다.

토의를 인도하기 위하여

개인의 편견적인 의견이나 추상적인 내용으로 진행되는 그룹 토의는 교사나 회원들이 조심스럽게 준비할 필요가 있다. 건설적인 토의는 목적과 훈련을 겸비한다.

질문을 준비하기 위하여

질문을 통하여 무엇을 성취하기 원하는지 분명히 한다.
- 질문은 사람들로 하여금 생각하게 한다.
- 질문은 새로운 통찰력과 지식에 마음문을 열게 만든다.
- 질문은 생각과 이해와 가정을 점검할 수 있게 한다.
- 질문은 종종 주제를 더 깊이 규명할 수 있는 기회를 마련하여 준다.

특정한 질문에 따라 질문의 의도를 강화할 수 있다. 질문의 의도가 무엇인지 분명히 말하여 주면 좋다.
- 만약 질문의 의도가 정확한 정보를 요하는 것이라면 질문을 생각하면서 진상을 정확히 파악하여서 정답을 요하도록 질문한다.
- 만약 질문의 의도가 자료들을 수집하는 데 있다면 회원들로 하여금 그 자료들을 정리하고 비교하고 또 서로 대조할 수 있도록 질문한다.
- 만약 질문의 의도가 어떤 상황이나 활동을 분석하기 위한 것이라면 그 상황이나 활동과 관련된 해설이나 이유를 말하도록 질문한다.
- 만약 질문의 의도가 결론을 내리기 위한 것이라면 사람들로 하여금 요약 정리하도록 질문하고 상호관계와 전에 관련되어 있지 않은 부분까지라도 관련지어 말하도록 질문한다.
- 만약 질문의 의도가 비평과 평가를 위한 것이라면 특별한 기준에 의하여 어떤 것이 최상의 선택인지 언급하도록 질문한다.
- 만약 질문의 의도가 어떤 결과와 상황에 대하여 더 깊이 생각하도록 돕기 위한 것이라면 상상력과 모든 가능성들을 총동원할 수 있도록 질문한다. 질문 내용을 인식하고 있어야 하며 질문하는 이유를 회원들에게 알려 준다.

질문을 준비할 때에 다음 사실을 염두에 둔다.
- "예"와 "아니오"를 초래하는 질문은 토의를 단절시킨다.
- 질문의 해답이 너무 자명하고, 해답을 할 수 없고, 논쟁에 너무 말려들게 하고, 너무 막연한 대답을 초래하면 좋은 질문이 아니다.

- 좋은 질문은 정보와 감정과 경험을 골고루 처리한다.
- 간단명료하게 한 초점을 맞추는 질문이 제일 좋은 질문이다.
- 좋은 질문은 사람들로 하여금 전에 준비하고 공부한 내용을 생각나게 하며 또 더 깊은 연구를 격려한다.
- 실제와 관련된 질문을 하기 위한 중요 단어들은 언제, 누가, 어디서, 무엇을, 왜, 어떻게이다.
- 토의를 인도하기 위한 질문들을 당신이 실제로 적기 전에 당신 스스로가 그 질문들을 대답하여 본다.

토의를 인도하기 위하여

- 토의를 위한 질문을 한다. 토의 내용과 토의하는 이유를 회원들에게 알려 준다.
- 토의가 어떻게 전개될 것인가를 염두에 둔다.
- 생각할 수 있는 여유를 준다. 침묵을 두려워하지 않는다. 침묵은 가치가 없는 것이 아니다. 침묵은 생각할 수 있는 기회를 마련하여 준다. 질문을 너무 성급하게 되풀이하지 않는다. 잘 준비된 질문은 궁극적으로 대답을 초래하기 마련이다. 당신이 던진 질문을 당신 스스로 대답하지 않는다. 회원들은 당신이 곧 대답할 것이라는 사실을 알게 되고 또 당신의 해답에 의존하려고 하기 때문이다.
- 듣는다. 말과 감정에 민감한다. 듣는다는 것은 말하는 사람의 요지를 알아차릴 뿐만 아니라 실제로 그 내용을 듣는 것을 내포한다. 회원이 말한 내용을 어떤 평가나 비평 없이 가끔 요약하여 준다.
- 시선을 마주친다든가, 머리를 끄덕이든가, 한두 마디를 말함으로써 교사가 듣고 있다는 사실을 보여 준다.
- 당신이 어떻게 대답할 것인가를 생각하는 순간 당신은 듣지 않고 있다는 사실을 기억한다.
- 잘못이 있지 않는 한 이야기하고 있는 사람과 동의한다든가 또는 반대한다든가 하는 언급을 회피한다.
- 사람을 용납한다는 것은 그 사람의 생각이나 해설이나 태도를 용납한다는 것이 아니다.
- 아무도 회화를 독차지하지 못하게 하기 위하여 모든 사람이 다 공헌할 수 있는 가능성의 방안을 생각하여 본다.
- 다른 질문들로 인하여 당신이 처음 정한 방향에서 이탈하지 않도록 하기 위하여 토의가 어디로 흐르고 있는지 알고 있다.

성경공부의 기본 원리

1. 하나님의 말씀은 예수 그리스도이시다. 성경에 있는 말들은 예수 그리스도와 관계된 하나님의 말씀에 대하여 우리들에게 말하여 주고 있다. 그러므로 우리는 성경 말씀을 공부할 때에 그 말씀의 배후를 조사하고, 그 말씀을 들여다 보고, 그 말씀을 충분히 조사하는 과정에서 예수 그리스도를 바라보게 된다.

2. 성서학자나 성경을 배우지 못한 사람이나 누구를 막론하고 하나님의 말씀이나 성경 말씀을 이해하기 위하여 전매특허를 받은 사람은 아무도 없다. 하나님께서 주시는 풍부한 선물을 이해하려고 노력하는 과정에서 우리 모두는 서로가 서로를 들으려고 노력하여야 한다.

3. 누구든지 기독교인이면 그 사람 나름대로의 건전한 의견을 소유하고 있다고 우리는 생각하여야 하고 그 사람의 의견이 아무리 나와 다르다고 하더라도 기독교적인 의견이다 비기독교적인 의견이다를 가지고 비난하여서는 안된다.

4. 사람마다 성경을 다르게 이해할 수 있다는 사실을 우리는 인정하여야 하고 그러한 태도는 우리의 마음을 어지럽힐 수 있을는지는 몰라도 하나님의 마음을 어지럽히지 못한다는 것을 인정하여야 한다.

5. 많은 사람들이 성경의 원어인 히브리어와 희랍어를 이해할 수 없기 때문에 우리들은 여러가지 다른 성경 번역판들을 읽을 필요가 있다.

6. 사람마다 서로 다르다는 사실을 우리가 인정할 때에 그 다른 점들이 중요하지 않다고 생각한다든가, 무시한다든가, 또는 문제가 되지 않기 때문에 인정한다는 느낌을 가져서는 안된다.

7. 서로 다른 성경 이해가 우리 중에 있어도 우리는 좋은 믿음의 친구가 될 수 있다. 우리는 서로의 차이점을 충분히 이해할 수 있을 때에 서로가 서로를 존중하게 되는 태도가 늘게 된다.

Adapted from *Strengthening the Adult Sunday School Class*, by Dick Murray. Copyright © 1981 by Abingdon Press. Permission is granted to copy this page for DISCIPLE use.

성경공부를 위한 준비회의

제자훈련을 위한 회원이 확보되었으면 공부를 시작하기 한 주일 전에 준비회의를 가져라.

이 준비회의의 목적은
● 9개월 동안 같이 공부하게 될 시간표에 대하여 의견을 나누고 또 합의를 본다.
● 교재를 나누어 주고 교재의 구성 요소들에 익숙하여진다.
● 충실히 공부할 것을 다짐한다.

지도자도 배우는 자요 참여자라는 것을 설명하여 주라. 지도자는 주제 강사가 아니다.

시간이 흘러가면서 회원들 간에 우정과 이해심이 두터워지기 때문에 그룹에서 이야기된 신상문제를 남에게 공개하여서는 안된다는 사실을 강조하라. 지도자가 빠지게 되는 경우에는 외부 강사를 초빙하지 말고 회원 중에 하나가 인도하도록 하라.

정시에 시작하여서 정시에 끝날 것이라는 사실을 강조하라.

9개월 후에 퇴수회를 갖기 원하는지 의견을 나누어 보라.

공부가 다 끝난 후 다른 제자훈련 그룹을 인도할 수 있는 사람이 나타나기를 바란다고 이야기하라.

모든 사람이 성경공부를 위한 보조자료들을 사용할 줄 안다고 가정하지 말라.

교회에 성경공부에 필요한 보조자료들이 있는지 조사하여 보라 ─ 성서주석, 성서사전 등.

학생용 교재와 안내서를 나누어 주라.

성경공부 준비회의 순서

7 : 00 P.M. 기도

7 : 05 P.M. 회원 소개

7 : 10 P.M. 9개월 동안에 언제 휴게를 하면 좋을지 미리 상의한다 (여름휴가? 성탄절?).

7 : 20 P.M. 학생용 교재가 어떻게 구성되어 있는지 검토하여 보라 (4페이지).
공란과 비고란에 꼭 노우트할 것을 강조하라.

7 : 35 P.M. 시간표와 포맷을 보라 (교사지침서 5페이지).
어린 아이들 문제를 어떻게 해결할지 의논하라.

7 : 50 P.M. 성경공부의 기본 원리를 읽어라.

7 : 55 P.M. 교회의 후원이 필요하다는 것을 강조하고 수료식에 대하여 논의하라.

8 : 00 P.M. 1과를 예습하라.
성경 읽기를 보라.
주중에 서로가 기도할 수 있는 길을 모색하라.

8 : 10 P.M. 성경공부 보조자료가 얼마나 있는지 이야기하여 보라.

8 : 25 P.M. 성경공부에 충실할 것을 다짐하라.
서로 기도할 것을 약속하라.
매일 성경을 읽을 것을 약속하라.
최대한으로 빠지지 않고 참석할 것을 약속하라.
적극적으로 공부에 참여할 것을 약속하라.
제자가 되기 위하여 헌신할 것을 약속하라.

8 : 30 P.M. 폐회기도

제 자

구 약

1 성경의 말씀

토의 시작 (20-25분)

(주 : 영어교재에는 이 부분이 비디오로 되어 있다. 영어로 이해할 수 있는 그룹은 Cokesbury를 통하여 영어 비디오를 구입하여 시청하게 할 수 있다. 그렇지 않은 그룹을 위하여서는 여기에 번역되어 실린 비디오 내용을 교사가 자세히 읽고 요약하여 줌으로써 토의를 시작할 수 있다.

비디오를 사용할 경우 :

● 성경반 회원들이 비디오를 시청할 수 있도록 준비하라.

● 비디오 부분의 주요 아이디어를 요약하라.

● 학생들이 시청한 것에 대하여 응답할 수 있는 방법을 제시하라.

● 들으면서 노우트하게 하라.

때에 따라 어떤 반에서는 주제를 좀 더 잘 이해하고자 비디오 부분을 두 번 시청하기 원할 때도 있을 것이다.

비디오 부분을 사전에 먼저 시청하라. 비디오 내용과 성경과 학생용 교재에서 읽은 것 사이의 관계를 연결할 수 있도록 질문들을 만들어라.

다음 성경반 모임을 위하여 시간을 절약하려고 테이프를 되감지 말라.)

성경은 우리가 일평생 날마다 읽고 공부하여야 할 책이다. 이 세상에 성경과 비교할 수 있는 책은 없다. 그렇다면 성경이란 무엇인가 ?

성경(聖經, Bible)은 본래 책이라는 뜻이다. 그러나 그것은 여러 종류의 책들이 모여 이루어진 특별한 책이다 (전설, 역사, 법, 시, 의식, 예언, 네 개의 다른 복음서들, 초대교회의 역사, 일련의 서신들, 이밖에 독립된 글들 — 룻기, 요나, 욥, 에스더 등). 성경을 연구분석하는 전문가들의 방법은 다양하고 복잡하지만 성경의 중심사상은 단순하고 분명하여 누구든지 이해할 수 있다. 창세기로부터 요한계시록까지 다양한 형태의 기록들이 있으나 그 중심에 흐르고 있는 이야기는 하나님이 이 땅위에서 지금까지 하고 계신 일, 하나님이 그의 백성들 가운데서 또 그들을 위하여 현재 하고 있으며 늘 하신 일 — 즉 하나님이 우리를 창조하신 목적이 무엇이며, 우리에게서 기대하는 것이 무엇이며, 우리가 하나님으로부터 기대할 수 있는 것이 무엇인가에 관한 것들이다. 그것은 언약의 제정과 언약의 준수 (하나님 편에서), 그리고 언약의 제정과 언약의 파기(인간 편에서)에 관한 이야기이다. 성경은 하나님 자신에 관한 이야기보다는 그가 어떻게 우리에게 자신을 계시하고 자신의 뜻을 전달하시며, 어떻게 우리로 하여금 참된 인

간이 되도록 도와주시는지 그의 섭리를 우리가 이해할 수 있도록 인도한다.

그러면 왜 사람들이 성경을 읽는가 ? 사람들이 성경을 읽는데에는 여러 가지 이유가 있다 : 의무감이나 경건심에서 또는 문학적인 호기심에서 성경을 읽는다. 그들은 성경을 읽으면서 예수님의 행적과 가르침에 놀람을 금하지 못한다. 그러나 사람들이 성경을 읽는 가장 중요한 이유는 성경의 낯선 세계 속에서 하나님의 말씀을 들을 수 있다는 느낌 때문이다. 하나님 스스로 택하신 이 매개체를 통하여서, 특히 예수 안에서 하나님은 그 자신을 나타내시며 또 우리가 잘 살기 위하여서 알아야 할 것들을 우리에게 말씀하여 주신다. 이것이 성경의 권위를 부여하여 준다.

그러면 많은 사람들이 성경을 읽기를 원하고 또 공부를 원하면서도 그렇게 실행하지 못하는 이유는 무엇인가 ?

중요한 이유는 사람들이 성경을 대할 때 성경이 그들에게 주고자 하는 것을 기대하지 않거나 아니면 그들이 얻고자 하는 것을 찾지 못하기 때문이다. 어떻게 보면 성경 이야기는 기묘한 이야기이다. 상세한 설명들 (예를 들면 족보) 때문에 지루하여지기도 하고 익숙하지 않은 배경 때문에 어리둥절하여지기도 한다. 이러한 복잡한 것들을 가려내고자 하면 분명하여지기는커녕 오히려 더 혼란이 생기기도 한다. 그래서 어떤 사람들은 포기하거나 혹은 성경에 쓰여져 있는 그대로 받아들인다. 이런 사람은 정작 중요한 것들을 놓치고 만다.

우리가 성경을 읽으면서 가장 중요시하여야 할 것은 성경 전체에 흐르고 있는 하나의 통일된 줄기를 찾아야 한다는 것이다. 그것은 유일하신 하나님의 절대적인 은혜와 인간의 죄라고 하는 모순이다. 하나님의 은혜와 인간의 죄 사이에서 일어나는 긴장은 어느 곳에서나 취급된다. 이러한 문제는 고금을 막론하고 우리 인간 모두에게 적용된다. 그러기에 오순절날 성령이 강림하였을 때 언어가 다른 사람들이 모두 자기네 말로 복음을 들을 수 있었다. 이같은 일은 지금도 계속 일어난다. 사도행전의 기록에 의하면 복음을 처음 들은 자들이 모두 크게 놀랐으며 그들의 삶에 큰 변화를 가져오게 되었다고 말한다. 하나님의 은혜는 지금도 놀랍다. 사람들은 여러 가지 다른 상황 속에서 하나님의 말씀을 듣는다. 그러기에 진지한 성경공부는 우리를 흥분시킨다.

마지막으로 진지하게 성경공부를 하기 원하는 이에게 부탁하고 싶은 것이 있다. 성경 각 권의 배경과 시대적 상황과 연대 및 저자 등에 관하여 자세히 공부하면 할수록 성경이 전하는 말씀을 더 분명히 들을 수 있고, 올바로 믿을 수 있고, 바로 판단할 수 있게 된다. 그러나 성경연구의 근본 목적은 상세한 지식에 있다기보다 하나님이 그 자신에 관하여 그의 신비스런

1 성경의 말씀

개회기도 (5분)

토의 시작 (20-25분)

(주 : 영어교재에는 이 부분이 비디오로 되어 있다. 영어로 이해할 수 있는 그룹은 Cokesbury를 통하여 영어 비디오를 구입하여 시청하게 할 수 있다. 그렇지 않은 그룹을 위하여서는 여기에 번역되어 실린 비디오 내용을 교사가 자세히 읽고 요약하여 줌으로써 토의를 시작할 수 있다.

비디오를 사용할 경우 :
●성경반 회원들이 비디오를 시청할 수 있도록 준비하라.
●비디오 부분의 주요 아이디어를 요약하라.
●학생들이 시청한 것에 대하여 응답할 수 있는 방법을 제시하라.
●들으면서 노우트하게 하라.

때에 따라 어떤 반에서는 주제를 좀 더 잘 이해하고자 비디오 부분을 두 번 시청하기 원할 때도 있을 것이다.

비디오 부분을 사전에 먼저 시청하라. 비디오 내용과 성경과 학생용 교재에서 읽은 것 사이의 관계를 연결할 수 있도록 질문들을 만들어라.

다음 성경반 모임을 위하여 시간을 절약하려고 테이프를 되감지 말라.)

성경은 우리가 일평생 날마다 읽고 공부하여야 할 책이다. 이 세상에 성경과 비교할 수 있는 책은 없다. 그렇다면 성경이란 무엇인가?

성경(聖經, Bible)은 본래 책이라는 뜻이다. 그러나 그것은 여러 종류의 책들이 모여 이루어진 특별한 책이다 (전설, 역사, 법, 시, 의식, 예언, 네 개의 다른 복음서들, 초대교회의 역사, 일련의 서신들, 이밖에 독립된 글들 — 룻기, 요나, 욥, 에스더 등). 성경을 연구분석하는 전문가들의 방법은 다양하고 복잡하지만 성경의 중심사상은 단순하고 분명하여 누구든지 이해할 수 있다. 창세기로부터 요한계시록까지 다양한 형태의 기록들이 있으나 그 중심에 흐르고 있는 이야기는 하나님이 이 땅위에서 지금까지 하고 계신 일, 하나님이 그의 백성들 가운데서 또 그들을 위하여 현재 하고 있으며 늘 하신 일 — 즉 하나님이 우리를 창조하신 목적이 무엇이며, 우리에게서 기대하는 것이 무엇이며, 우리가 하나님으로부터 기대할 수 있는 것이 무엇인가에 관한 것들이다. 그것은 언약의 제정과 언약의 준수 (하나님 편에서), 그리고 언약의 제정과 언약의 파기(인간 편에서)에 관한 이야기이다. 성경은 하나님 자신에 관한 이야기보다는 그가 어떻게 우리에게 자신을 계시하고 자신의 뜻을 전달하시며, 어떻게 우리로 하여금 참된 인간이 되도록 도와주시는지 그의 섭리를 우리가 이해할 수 있도록 인도한다.

그러면 왜 사람들이 성경을 읽는가? 사람들이 성경을 읽는 데에는 여러 가지 이유가 있다 : 의무감이나 경건심에서 또는 문학적인 호기심에서 성경을 읽는다. 그들은 성경을 읽으면서 예수님의 행적과 가르침에 놀램을 금하지 못한다. 그러나 사람들이 성경을 읽는 가장 중요한 이유는 성경의 낯선 세계 속에서 하나님의 말씀을 들을 수 있다는 느낌 때문이다. 하나님 스스로 택하신 이 매개체를 통하여서, 특히 예수 안에서 하나님은 그 자신을 나타내시며 또 우리가 잘 살기 위하여서 알아야 할 것들을 우리에게 말씀하여 주신다. 이것이 성경의 권위를 부여하여 준다.

그러면 많은 사람들이 성경을 읽기를 원하고 또 공부를 원하면서도 그렇게 실행하지 못하는 이유는 무엇인가?

중요한 이유는 사람들이 성경을 대할 때 성경이 그들에게 주고자 하는 것을 기대하지 않거나 아니면 그들이 얻고자 하는 것을 찾지 못하기 때문이다. 어떻게 보면 성경 이야기는 기묘한 이야기이다. 상세한 설명들 (예를 들면 족보) 때문에 지루하여지기도 하고 익숙하지 않은 배경 때문에 어리둥절하여지기도 한다. 이러한 복잡한 것들을 가려내고자 하면 분명하여지기는커녕 오히려 더 혼란이 생기기도 한다. 그래서 어떤 사람들은 포기하거나 혹은 성경에 쓰여져 있는 그대로 받아들인다. 이런 사람은 정작 중요한 것들을 놓치고 만다.

우리가 성경을 읽으면서 가장 중요시하여야 할 것은 성경 전체에 흐르고 있는 하나의 통일된 줄기를 찾아야 한다는 것이다. 그것은 유일하신 하나님의 절대적인 은혜와 인간의 죄라고 하는 모순이다. 하나님의 은혜와 인간의 죄 사이에서 일어나는 긴장은 어느 곳에서나 취급된다. 이러한 문제는 고금을 막론하고 우리 인간 모두에게 적용된다. 그러기에 오순절날 성령이 강림하였을 때 언어가 다른 사람들이 모두 자기네 말로 복음을 들을 수 있었다. 이같은 일은 지금도 계속 일어난다. 사도행전의 기록에 의하면 복음을 처음 들은 자들이 모두 크게 놀랐으며 그들의 삶에 큰 변화를 가져오게 되었다고 말한다. 하나님의 은혜는 지금도 놀랍다. 사람들은 여러 가지 다른 상황 속에서 하나님의 말씀을 듣는다. 그러기에 진지한 성경공부는 우리를 흥분시킨다.

마지막으로 진지하게 성경공부를 하기 원하는 이에게 부탁하고 싶은 것이 있다. 성경 각 권의 배경과 시대적 상황과 연대 및 저자 등에 관하여 자세히 공부하면 할수록 성경이 전하는 말씀을 더 분명히 들을 수 있고, 올바로 믿을 수 있고, 바로 판단할 수 있게 된다. 그러나 성경연구의 근본 목적은 상세한 지식에 있다기보다 하나님이 그 자신에 관하여 그의 신비스런

제 자

구 약

섭리와 은혜의 최후 승리에 관하여 우리에게 하시고 있는 말씀을 파악하는 데 있다. 그러므로 우리는 피조물의 위치를 보호하고, 그리스도의 본을 따르고, 성령의 능력을 얻음으로써 창조의 뜻을 따라 진실되고 은혜로운 삶을 살게 된다. 즉 이것은 우리가 더욱 참된 인간이 되는 과정이라고 할 수 있다.

(Albert C. Outler, Richard B. Wilke)

준비
성경에 관한 설명과, 하나님에 대한 설명과, 하나님과 인간과의 관계에 대한 설명을 자세히 전하여 주라.

정보
성경에는 여러 종류의 문학형태가 들어 있다. 그러나 성경의 전체적인 비젼은 간결하고 분명하여서 누구나 분별할 수 있다.

사람들은 성경 속에서 하나님의 말씀을 들을 수 있다고 생각하기 때문에 성경을 읽는다.

하나님의 연속적인 메시지가 성경 전체에 흐르고 있고 또 그 메시지가 성경의 권위를 암시하고 있는데 그것은 유일하신 하나님의 절대적인 은혜이다. 인간이 추구하는 권력과 하나님의 은혜의 통치 사이에는 근본적인 차이가 있다는 사실이다.

성경은 모든 사람이 다 자기와 결부시킬 수 있는 하나님의 이야기이기 때문에 권위가 있다.

대화
성경에 대하여 무엇을 말하여 주는가? 하나님에 대하여 무엇을 말하여 주는가? 하나님과 인간과의 관계에 대하여 무엇을 말하여 주는가?

성경과 교재 (50분)
다음의 질문들에 대하여 이야기를 서로 나누도록 인도하라. 당신은 언제 어디서 성경을 처음 받았는가? 누가 그 성경을 주었는가? 성경을 처음 받았을 때 기분은 어떠하였는가? 서로 짝지어 처음 받은 성경에 대하여 이야기를 나누어라.

본과에서는 여러 문학형태에 관하여 읽은 성경구절들의 내용에 초점을 두지 않는다. 사람들로 하여금 짝지어 여러 문학형태 중에 하나를 택하여 그 문학의 특징을 이야기하도록 하라. 그런 후에 4명이 한 그룹이 되어 이야기하도록 하라. 문학의 형태와 내용이 어떤 관계에 있는지 이야기를 나누도록 도와 주라.

본과에 나오는 경전, 모세오경, 토라 등에 관하여 특별한 정의와 이해를 요하게 된다. 회원들로 하여금 용어들에 대하여 나름대로 이야기하여 보도록 하라. 그런 후에 학생용 8페이지의 것과 대조하여 보라.

본과의 주제는 권위이다. 짝지어 성경의 권위에 대하여 이야기를 나누도록 하라. 특별한 처지에 놓인 사람들에게 특별하게 말하여 주는 성경구절들이 있는가? 성경에 관심을 쏟는 이유는 무엇인가? 성경이 어떻게 내 삶에 권위가 될 수 있는가?

당신이 성경에서 기대하는 것은 무엇인가? 성경이 독자들에게 기대하는 것은 무엇인가?

추가연구에서는 구약의 책명들을 외도록 제시하고 있다. 그룹이 같이 외어 보라. 책명 몇개씩 같이 읽어라. 조용히 반복하여 보라. 그런 후에 서로 짝지어 외어 보도록 하라.

휴식 (10분)

말씀과의 만남 (25분)
성경구절 : 시편 84
시편 84를 조용히 읽어라.
이 시편 84를 눈으로 보는듯, 귀로 듣는듯, 손으로 만지는 듯, 코로 냄새를 맡는 듯, 혀로 음식을 맛보듯 읽어라. 짝지어 감각을 통하여 듣고 경험한 것들을 적어 보도록 하라.

제자의 표 (20분)
제자들은 성경의 권위와 능력 앞에서 무릎을 꿇는다.
"인간의 상태"를 큰소리로 같이 읽어라. 성경의 권위와 "인간의 상태"의 내용과는 어떤 관계가 있는가? "제자의 표"에 있는 질문들에 대하여 답하여 보도록 하라.

폐회기도 (10분)
2과를 열고 성경 읽기를 점검하라. 금주의 기도제목을 적어라. 폐회기도를 하라.

2 창조주 하나님

개회기도 (5분)

토의 시작 (20-25분)

하나님의 창조행위는 항상 새롭게 계속된다. 시편 104의 말씀을 경청하여 보자.

"주께서 지혜로 저희를 다 지으셨으니 주의 부요가 땅에 가득하나이다. 주께서 낯을 숨기신즉 저희가 떨고 주께서 저희 호흡을 취하신즉 저희가 죽어 본 흙으로 돌아가나이다" (시편 104:24 하반절, 29).

우리가 믿는 하나님은 우주를 창조하신 후 우주가 제 마음대로 돌아가도록 내버려두는 하나님이 아니시다. 그는 창조의 하나님이시다. 항상 창조하시고 보존하는 하나님이시다.

고대의 신화로부터 현대과학의 이론에 이르기까지 우리는 "이 모든 것이 어디로부터 왔는가?"라는 질문에 대답하려고 시도한다. 그러나 창세기의 창조설화는 이런 생각과 다르다.

과학적인 의식 속에 사는 우리는 창세기의 이야기가 과학적인 사실에 무관심한 것을 보고 그대로 받아들이기가 힘들 것이다. "정확한 날짜와 시간과 장소를 제시하라"고 우리는 요구하지만 창세기는 그런 정보를 제공하지 않는다.

그러나 창세기가 특별히 관심을 가지고 있는 것들이 있다. 그것은 인간과 다른 동물들과의 관계, 별과 물고기와의 관계, 빛과 어두움과의 관계, 하나님과 다른 것들과의 관계 등 만물의 질서에 관심을 두고 있는 것이다.

다른 말로 표현하면 창세기의 창조설화는 소위 신탁적 목적을 설명하여 준다. 근본적인 문제는 우리는 누구이며 우리는 왜 여기에 있는가이다.

창조는 항상 새롭게 지속된다. 창세기의 이야기는 태고의 역사 기록이 아니다. 즉 그것은 창조의 완료를 말하는 것이 아니라 창조의 현재성에 대한 이스라엘 백성들의 증언이다. 그것은 그들의 생명이 하나님으로부터 받은 선물이요 하나님의 목적 밖에서는 그들의 삶이 무의미하다는 신앙이다. 그것은 어디까지나 그들의 창조신앙이다.

그러나 이러한 창조신앙은 이스라엘 백성들에게 있어서 늦게 시작되었다. 이스라엘의 신앙은 주변의 여러 풍요신(神) 제사와 항상 긴장관계에 있었으며 때로는 큰 충돌을 일으키기도 하였다. 지방신전에는 남성신 바알과 그의 배우자격인 여신 아스다롯을 모셨다. 그들의 의식 가운데에는 매음행위가 포함되었는데 그것은 다산(多産)과 풍작을 보장하여 주는 것으로 믿었다. 이들에게 있어서 창조라고 하는 용어와 개념은 지나친 자연종교를 낳게 되었다. 그러나 이스라엘에 있어서 하나님의 계시는 항상 자연보다는 역사 속에서 주어진다. 물론 자연은 하나님의 솜씨를 나타낸다. 그러나 모든 것에 의미를 주는 것은 역사뿐이다. 하나님은 역사의 주관자이시요 우리 역사는 다른 배경들 곧 타국가들과 민족들, 홍해, 시내산,

요단강 등을 배경으로 하여 일어나고 있기에 하나님은 창조주가 된다.

그러므로 창조 이야기는 오랫 동안 전하여져 내려오던 것이 신앙고백으로 정리된 것이다.

창조설화는 근동과 중동 지방에 여러 형태로 남아 있던 창조신화에서 출발되었다. 그러나 창조 이야기가 창조신앙으로 등장하게 되었을 때 변형되었다. 즉 그것은 유혈전투를 통하여 창조가 이루어진 여러 여신 남신들의 이야기가 아니라 말씀으로 혼돈에서 창조를 가져오신 유일신 하나님의 이야기로 변하게 되었다.

이스라엘이 창조 이야기를 자신의 것으로 만들었을 때 그들의 신앙은 변하였다. 그들의 신앙은 하나의 작은 유목민과 그들의 부족신과의 족장의 이야기가 아니라 전세계 민족들을 향한 한 민족의 이야기가 되었다. 이스라엘은 우주적인 역사 속에서 특수한 위치와 기능을 차지한다.

창조 이야기를 공부하면서 우리가 발견하게 되는 이스라엘의 신앙(그리고 우리의 신앙)은 무엇인가?

첫째, 우리는 하나님의 말씀에 대한 신앙을 본다. "하나님이 가라사대……"라는 표현이 여덟 번 되풀이되는데 그 말끝에는 "그대로 되니라"는 말이 나온다. 하나님의 말씀은 위력을 지니고 있다. 창세기 이야기는 하나님의 말씀이 결코 서술에 그치지 않는다는 점을 강조한다. 하나님의 말씀은 모든 것을 생성시키고 존재하게 만든다.

창조 이야기는 또한 창조의 선함을 믿는 이스라엘의 신앙을 강조한다. 하나님께서는 모든 것을 있게만 하신 것이 아니라 "하나님이 보시기에 좋았더라"고 선언하셨다. 창조는 선한 것이요 우리들에게 즐기도록 주어진 것이다.

창조 이야기에서 인간과 하나님과의 관계에 대한 이스라엘의 신앙이 표현되어 있다. 우리 인간은 하나님의 창조물이요 우리는 모두 창조주 하나님과 긴밀하게 연결되어 있다.

마지막으로 신앙고백으로서의 창조 이야기는 이스라엘 신앙의 독특한 신앙 즉 안식일에 관한 증언으로 끝난다. 안식일 제도는 태초에 하나님의 창조 과정에서 기인된 것으로서 거룩한 것이요 절대적인 것이라고 한다. 하나님께서도 일곱째 날에 안식하였다고 말한다.

여러분은 성경을 읽으면서 창세기 안에 두 개의 창조 이야기가 있는 것을 알았을 것이다. 이 사실은 1700년대에 이미 지적되었으며 그 두 가지 기사의 차이점과 또 그들의 근원을 찾아내려는 노력에서 현대 성경연구의 시발이 생기게 되었다.

두 가지 중에 첫째 것은 세밀한 시 작품이요 둘째 것은 모닥불 주변에 모여 구전으로 전하여져 내려오던 이야기였을 것이다. 둘째 기사에서는 시의 위엄과 목적이 아름답고 소박한 이야기로 바뀌어졌다.

그 다음에 나오는 민속 이야기에는 하나님과 아담의 기본관

계의 조건들을 제시한다. 아담이라는 히브리어는 흔히 남자 (man)로 번역되지만 정확히 번역한다면 남자와 여자를 포함한 인간을 뜻한다. 아담의 이야기는 아브라함의 이야기와 그 후 계속되는 역사 속에서 성취된 약속을 제공한다. 그러므로 이 이야기는 이스라엘을 위한 하나님의 특별하신 활동을 설명하는 서론 역할을 한다. 그러나 이 이야기는 점차적으로 전세계를 위한 하나님의 목적으로 발전된다. 아브라함이 온민족의 복의 근원이 된다.

창조 이야기를 읽으면서 우리는 그 이야기가 전하여지고 또 전하여지던 민족공동체에 무엇을 의미하였는지 이해하도록 해야 한다. 두 창조 기사에는 차이점이 있지만 그 두 이야기가 합하여 이스라엘의 창조신앙을 보여 준다. 그리고 이 창조신앙이 우리에게 전승된 것이다. 여러 세기가 지난 지금도 과학자들은 우주가 어떻게 창조되었는가 연구하고 있으나 우리 신앙인들은 적어도 왜 그리고 무슨 ― 혹은 누구의 ― 목적을 위하여 우주가 창조되었는가 말할 수 있다.

(B. Davie Napier)

준비

내피어 박사의 글에서 세 가지 요점을 포착하라.

창조설화의 신학적 성격, 창조설화가 어떻게 이스라엘 민족에게 창조신앙이 되었는가, 그리고 두 가지 창조기사가 어떻게 이스라엘의 창조신앙을 표현하는가.

정보

창조 이야기는 고대신화나 과학적 이론과는 구별된다.

창세기의 관심사는 신학적인 것이다. 우리가 누구이며 왜 현재에 이르렀는가 하는 것이다.

창조신앙은 그들의 삶이 하나님께서 주신 선물이요 그들의 운명은 하나님의 목적과 관계가 맺어질 때만이 의미가 있는 것이다.

유일하신 하나님 야훼는 혼돈에서 말씀으로 창조하셨다.

이스라엘은 역사 속에서 특별한 위치와 기능을 소유하고 있다.

창조신앙은 다음과 같은 아이디어를 가지고 있다 : 하나님의 말씀은 생기게 하는 힘이 있다; 이유가 있다; 선하다; 우리는 피조물이다; 안식일은 거룩하다. 두 창조신화는 우리들이 유산으로 물려받은 이스라엘의 신앙의 이야기이다.

대화

창조 이야기를 역사적으로 또는 과학적으로 생각하기 보다는 오히려 신학적으로 생각하여야 한다는 것은 무엇을 의미하는지 서로 이야기하여 보라. 창조설화와 창조신앙의 다른 점을 토론하라.

성경과 교재 (50분)

성경연구반에서 이 부분의 중심부가 되는 것은 회원들이 지정된 성경과 교재를 읽으면서 적은 노우트들이다. 세 그룹으로 나누어서 노우트한 것들에 대하여 이야기를 나누라.

첫째 그룹은 첫째 날과 둘째 날에 적은 것들을 나누라.

둘째 그룹은 세째 날과 네째 날에 적은 것들을 나누라.

세째 그룹은 다섯째 날과 여섯째 날에 적은 것들을 나누라.

본과의 주제는 경이이다. 세 그룹에게 다시 매일 읽은 성경구절들이 본과의 주제인 경이에 대하여 말하여 주고 있는지 토의하라.

어떻게 하면 쉬는 날로써 안식일을 엄수할 수 있는지 이야기를 나누어 보라. 안식일에 쉬어야 한다는 것은 무엇을 의미하는가? 안식일을 거룩하게 지키려면 우리 자신과 하나님에게 대한 태도에서 무엇이 바꾸어져야 하는가? 안식일을 거룩하게 지킴으로써 오는 혜택은 무엇인가? 기독교인들이 안식일을 거룩하게 지킨다면 사회는 어떤 영향을 받을까?

두 창조설화를 생각하면서 학생용 교재에 있는 질문들에 대하여 대답하여 보도록 하라.

휴식 (10분)

말씀과의 만남 (25분)

성경구절 : 시편 8 혹은 100

성경암송 : 시편 8 혹은 100

다음의 절차를 밟아라. ⑴ 한 회원으로 하여금 이 구절을 큰 소리로 읽도록 하라. ⑵ 다시 한 번 같이 읽어라. ⑶ 둘씩 짝지어 서로 외어 보도록 하라. ⑷ 이 구절을 암송할 수 있는 사람은 자원하여서 발표하도록 하라. ⑸ 그룹 전체가 같이 암송하도록 하라.

제자의 표 (20분)

제자들은 하나님께 속하여 있다는 것을 알며, 하나님은 그들을 당신의 것이라고 주장한다.

본과의 "제자의 표"는 "인간의 상태"와 밀접한 관계가 있는데 이 막대한 우주 속에서 인간은 정말로 소중한가 아닌가의 문제에 대한 관심이다. "인간의 상태"에 기록된 내용과 하나님께 속하여 있다는 체험과는 어떠한 관계가 있는가? 회원들에게 "제자의 표" 빈칸에 쓴 내용을 가지고 응답하도록 충분한 시간을 주라.

폐회기도 (10분)

3과를 열고 금주의 기도제목을 적어라. 찬송을 부르든가 기도로 폐회하라.

3 인간의 반역

토의 시작 (20-25분)

옛날 옛적 신비스러운 에덴 동산에 한 남자와 여자와 많은 동물들이 살고 있었다. 그 남자와 여자에게는 그 동산을 잘 보살펴야 할 책임이 주어졌을 뿐만 아니라 원하는 대로 할 수 있는 자유가 주어졌다. 그러나 한 가지 예외가 있었다. 하나님께서 그들에게 "동산 각종 나무의 실과는 네가 임의로 먹되 선악을 알게 하는 나무의 실과는 먹지 말라 네가 먹는 날에는 정녕 죽으리라"고 말씀하셨다.

그 신비스러운 동산에는 말을 할 수 있는 뱀이 있었다. 그 뱀과 여자와 남자는 서로 대화하기를 즐겼던 것 같다. 어느 날 뱀과 여인이 대화하던 중 뱀이 그 여인더러 "하나님이 참으로 너희더러 동산 모든 나무의 실과를 먹지 말라 하시더냐?"고 물었다. 우리는 하나님이 그렇게 말씀하지 않으신 것을 알고 그 여인도 하나님께서 그렇게 말씀하시지 않으신 것을 알았다. 그러나 그 여인은 난관에 봉착하게 되었다. 하나님의 말씀에 대한 의견을 달리하고 있는 말하는 뱀을 어떻게 설득시킬 수 있겠는가? 여인이 뱀에게 "아니다 하나님께서는 동산 나무의 실과를 우리가 먹을 수 있으나 동산 중앙에 있는 나무의 실과는 먹지도 말고 만지지도 말라 너희가 죽는다고 하셨다"고 대답하였다. 이 여인의 대답은 하나님의 말씀을 그대로 옮긴 것처럼 들리지만 자세히 보면 여인의 말은 첨가된 것임을 우리는 알게 된다. 하나님은 그 나무의 열매만은 먹지 말라고 하셨는데 여인은 "만지지도 말라"고 하나님이 말씀하셨다고 대답하였다. 어떤 사람들은 바로 이 시점에서 하나님과 인간의 격리현상이 일어나게 되었다고 주장한다.

그들은 실과를 먹었다는 데 문제가 있는 것이 아니라 하나님의 말씀에 그들의 말을 첨가한 데에 문제가 있었다. 물론 여인이 처음부터 뱀과 그런 대화를 하지 않았더라면 좋았으련만 때는 이미 늦었다. 사실은 뱀의 올무에 여인이 걸린 것이다. 뱀은 이렇게 응답한다. "오, 너희가 죽지 않는다. 하나님이 그 실과를 금한 것은 너희가 그 실과를 먹는 순간 너희 눈이 뜨이고 하나님처럼 모든 것을 알게 된다는 것을 하나님이 아시기 때문이다." 이 말을 마친 뱀은 숲속으로 사라졌다.

여인은 홀로 남아 깊은 생각에 잠긴다. 이제 그 나무의 실과는 전혀 다르게 보인다. 한동안 뱀의 이야기를 되새기던 여인은 드디어 실과를 몇 개 따서 먹고 그 지리에 있으면서 끝내 침묵을 지키던 남편에게도 건네 준다. 그래서 남편도 그 실과를 먹는다. 뱀의 말이 옳았다. 그들은 죽지 않았다. 그대신 그들은 그들이 발가벗은 것을 알게 되었다. 그래서 그들은 그들의 벗은 몸을 가렸다. 히브리어로 발가벗었다는 말은 옷을 입지 않았다는 뜻만이 아니라 무방비 상태에 있는 사람을 뜻하기

위하여 사용되기도 한다. 고로 그들이 금지된 나무의 실과를 먹고 그들의 눈이 뜨여졌을 때 그들이 발견하게 된 것은 그들의 성(性)이 아니라 그들의 허약점이었다. 그들은 공격과 위험 앞에서 무방비 상태였고 따라서 이러한 발견은 그들을 공포로 몰아 넣었다.

오후 늦게 서늘한 저녁 바람이 불어오기 시작할 때 하나님께서는 산책하기 위하여 동산에 나오셨다가 그들을 볼 수 없게 되자 그들을 부르셨다. "네가 어디 있느냐?" 그러자 덤불속에서 소리가 들려왔다. "내가 동산에서 하나님이 산책하시는 소리를 듣고 내가 벗었으므로 두려워하여 숨었나이다." 하나님께서는 이에 응답하셨다. "누가 너의 벗었음을 네게 일러 주더냐? 내가 따먹지 말라 하던 나무 열매를 네가 따먹었구나!" 이에 대하여 남자는 평계를 대었다. "당신께서 저에게 짝지어 주신 여자가 그 나무의 실과를 따주었기에 내가 먹었나이다." 그래서 하나님은 여인에게 물으셨다. "어쩌다가 네가 이런 일을 하였느냐?" 여인은 "뱀이 나를 꾀므로 내가 먹었나이다"고 대답하였다.

이 이야기는 우리 자신들에 관한 이야기이다. 사실 이 이야기는 과거에 있었던 일보다 우리 자신에 관하여서 말하여 준다. 첫째로, 이 이야기는 인간은 잘못을 남에게 전가한다는 사실을 우리에게 말하여 준다. 자기 자신의 행동에 대하여 본인이 책임을 지지 않고 하나님이나 어머니나 배우자나 자녀들이나 그밖의 다른 사람에게 책임을 쉽게 돌린다. 둘째로, 이 이야기는 우리가 마음속 깊이 알고는 있으나 수락하지 않으려는 인간의 상태를 말하여 주는데 그것은 우리가 두려움에 짓눌려 죽어가고 있는 인간이라는 것이다. 우리는 신들이 아니라 어디까지나 피조물 인간이다. 이 이야기는 죄에 관하여 한 마디도 언급하지 않는다. 그러나 이 이야기는 인간의 조건과 상태에 관하여 말한다. 여기서 가장 중요한 개념은 "죽음"과 "두려움"이다. 이 두 개념은 설명을 필요로 한다. 여기서 언급된 두려움은 우리의 고독과 소외의 불안과도 연관되겠지만 주로 죄책감에서 나오는 두려움이다. 구약성경에서 말하는 죽음은 물론 생리적인 활동의 종식을 의미할 수 있다. 그러나 죽음이란 연령이나 질병이나 인간이 통제할 수 없는 형편이든 어떤 이유에서든지 인간이 제 기능을 발휘하지 못하는 상태를 나타내기도 한다. 죄책감도 그 이유가 된다. 또 그 이야기는 우리가 어떻게 그런 상태에 빠지게 되었는지 설명하려고 하는데 실명인즉 우리 인간은 집단적으로 그리고 개인적으로 하나님을 믿고 하나님의 길을 따르는 대신 우리 자신을 신뢰하고 우리 자신의 길을 걸어가기로 선택하였다는 것이다. 그 결과 우리는 하나님으로부터 그리고 인간들끼리 소외된 자신을 발견하게 된다.

에덴 동산의 아담과 하와의 이야기는 우리가 얼마나 하나님을 필요로 하는가 알려주는 이야기이다. 이 필요성을 우리가 항상 상기한다면 이 성경연구 전체가 큰 의미를 가지게 될 것이다.
(William Power)

준비
학생들에게 그들이 잘 아는 이야기를 들려주고 그 이야기 속에서 새 통찰력을 얻게 하라.

정보
하나님께서는 동산 중앙에 있는 나무의 실과는 먹지 말라고 금하셨다.

뱀이 하나님의 말씀을 잘못 인용하였다.

하와는 하나님의 말씀에다 자기 소견을 첨가하였다.

뱀의 논쟁은 하나님께 불순종하는 결과를 말하여 주는 것이다. 너희는 죽지 않는다. 너희는 하나님이 아시는 것을 알게 된다.

남자나 여자는 벌거벗었음을 깨달았다.

벌거벗음은 무력한 존재로서 이해되었고 따라서 허약하고 공포에 싸인다.

인간은 :
타인에게 책임을 전가하는 사람들이요; 공포에 떨고 죽어가는 이들이요; 인간으로서 하여야 하고 할 수 있는 의무를 다하지 못함으로써 갖게 되는 죄책감으로 가득차고; 하나님을 신뢰하기보다 오히려 우리 자신을 의지하는; 하나님과 다른 이들로부터 소외된 존재들이다.

아담과 하와의 이야기는 우리 인간들에게 하나님이 얼마나 필요한가를 말하여 준다.

대화
인간의 본성과, 인간은 하나님과 다른 사람들을 필요로 한다는 사실에 대하여 얻은 새로운 아이디어는 무엇인가? 이 이야기에는 죄라는 단어가 사용되지 않았다. 여기서 죄의 개념이 어떻게 적용되는가?

성경과 교재 (50분)
본과에 있는 창세기 이야기의 바른 이해를 도와주기 위하여서 만물이 어떻게 현재상태로 창조되었으며, 우리가 누구이며, 하나님은 누구인가 등에 관한 설명으로서의 성경을 서술하라. 이러한 이야기들에 관하여 다음과 같은 질문을 하라 : 그 성경구절들이 우리들 자신에 관하여 무엇을 가르쳐 주고 있는가? 다른 사람들과의 관계에 대하여서 무엇을 가르쳐 주

고 있는가? 우리와 하나님과의 관계에 관하여서 무엇을 가르쳐 주고 있는가?

"성경 읽기"와 "성경의 가르침"을 공부하기 위하여 "인간의 상태"를 읽어라.

이 성경 가운데에서 몇 가지 신학적 개념들과 이념들이 생긴다 : 타락, 원죄, 인간존재의 죄악성, 자유의지나 선택의 자유, 고백, 회개 등이다. 둘씩 짝지어 이 개념들에 대하여 이야기하도록 하라. 학생용 교재 22-24페이지의 질문들에 대하여 서로 이야기하여 보도록 하라.

회원들의 토의를 위하여 아담과 하와의 이야기를 읽은 후 자기 개인의 "아담과 하와 이야기"를 나누든가 혹은 현대판 아담과 하와 이야기를 나누도록 하라.

어느 활동을 하든지 활동이 끝나면 시편 51:1-12을 참회하는 마음으로 다같이 큰소리로 읽어라.

네 사람씩 여러 그룹을 형성하여 죄가 인간생활에 미치는 영향에 대하여 공부하라. 첫째 그룹은 예레미야 8:18—9:11; 둘째 그룹은 사무엘하 11:1—12:7을 각각 공부하도록 지정한다. 각 그룹은 지정받은 성구를 읽고 유혹, 반역, 소외, 악함, 서로의 관계, 자유, 은혜 등의 증거를 찾아내게 한다. 이러한 경험들 가운데 어느 한 가지라도 존재하는 경우 그것이 인간의 삶에 미치는 영향은 무엇인가?

휴식 (10분)

말씀과의 만남 (25분)
성경구절 : 창세기 9:1-19
한 사람으로 하여금 창세기 9:1-19을 읽도록 하라. 이 구절은 하나님에 대하여 우리들에게 무엇을 말하여 주고 있는가? 노아에 대하여 우리들에게 무엇을 말하여 주는가? 어떤 면에서 우리는 노아와 같은가? 이 구절은 하나님과 우리의 관계에 대하여 무엇을 말하여 주는가?

제자의 표 (20분)
제자들은 인간의 반항심을 인정하고, 죄에 대한 자신의 책임을 수락하고, 회개한다.

각 그룹에게 이 부분에 있는 설명서를 하나씩 나누어 주어 응답과 토의를 하게 하라. 다시 한번 "제자의 표"와 "인간의 상태"간의 연관성을 환기시켜라.

폐회기도 (10분)
4과를 열고 금주의 기도제목들을 적어라. 기도로 폐회하라.

4 부름받은 백성

토의 시작 (20-25분)

구약성경에서 가장 중요한 단어 중의 하나는 '베레트' 즉 언약이라는 단어이다. 그것은 일찍이 하나님이 아브라함과 또 우리들과 맺은 언약의 중요성을 말하여 주는 것으로서 그 언약은 우리를 하나님께 묶어주고 하나님을 섬기고 그의 율법을 따르도록 만든다. 그러나 우리가 하나님과 이스라엘간의 언약에 도달하기 전에 창세기 9에 보면 우주적인 언약이 있음을 알게 된다.

"내가 구름으로 땅을 덮을 때에 무지개가 구름 속에 나타나면 내가 나와 너희와 및 혈기 있는 모든 생물 사이의 내 언약을 기억하리니 다시는 물이 모든 혈기 있는 자를 멸하는 홍수가 되지 아니할찌라 무지개가 구름 사이에 있으리니 내가 보고 나 하나님과 땅의 무릇 혈기 있는 모든 생물 사이에 된 영원한 언약을 기억하리라 하나님이 노아에게 또 이르시되 내가 나와 땅에 있는 모든 생물 사이에 세운 언약의 증거가 이것이라 하셨더라"(창세기 9:14-17). 이것은 생명의 보존에 대한 우주적 언약이다. 하나님이 생명의 보존을 약속하셨듯이 우리 인간도 오늘날 생명을 경외하여야 할 것을 우리에게 상기시켜 준다.

유대교 전통에 있어서 아브라함과 맺으신 하나님의 언약에는 두 가지가 있다. 첫째는 할례의 언약이었다. 아브라함은 이삭이 난지 8일만에 이삭에게 할례를 베풀었다. 그로부터 오늘날까지 하나님이 아브라함과 세우신 생명의 언약을 기억하기 위하여 히브리 사내 아이는 모두 할례를 행하였다. 오늘날 유대인들은 할례로 인을 치는 언약을 가지고 있을 뿐만 아니라 여자 아이를 위한 특별한 축복 의식을 행한다. 고로 유대인들은 모두 그들이 태어나는 순간으로부터 하나님을 섬긴다는 하나의 근거로서 이러한 의식을 함께 행한다.

이와 못지 않게 중요한 것은 땅의 언약이다. 하나님은 아브라함에게 아비의 집에서 나와 그가 지시하시는 땅으로 가라 그리하면 그를 큰 나라로 만들겠다고 명하셨다. 그 순간으로부터 아브라함은 그 약속의 땅을 향하여 길고 고통스러운 여행길에 나섰다. 그리고 그가 지시한 땅에 도달하자 창세기 17에서 보듯이 하나님과 언약관계에 들어가게 된다 : "내가 내 언약을 나와 너와 네 대대 후손의 사이에 세워서 영원한 언약을 삼고 너와 네 후손의 하나님이 되리라 내가 너와 네 후손에게 너의 우거하는 이 땅 곧 가나안 일경으로 주어 영원한 기업이 되게 하고 나는 그들의 하나님이 되리라"(창세기 17:7-8).

이스라엘은 여러 세기를 거쳐 이 땅의 소유를 통하여 그들을 하나님께 묶어준 언약을 중시하였다. 그들은 그 땅에서 하나님을 섬기고, 하나님은 그들로 하여금 평화와 자유의 삶을 갖게 하여주실 것이다.

또 한가지 중요한 것은 시내산 꼭대기에서 하나님이 모세에게 주신 율법(토라)의 언약이다. 이 율법은 곧 모세오경으로서 이스라엘 백성을 하나님께 묶어주고 하나님과 우리 이웃을 섬기는 삶을 갖게 하여 주는 모든 도덕윤리의 법을 집대성하여 놓은 것이다. 율법서는 삶의 기초를 우리에게 제공하여 준다. 토라는 모든 세대가 하나님과의 언약을 갱신하고 그의 계명에 의하여 살도록 도전한다. 그러므로 토라는 잠언에 기록되어 있듯이 생명의 나무가 된다. 토라를 지키는 자는 즐겁고 행복하다.

이러한 땅의 언약과 토라의 언약은 오늘날의 유대인들에게도 대단히 귀한 것이다. 1948년에 유엔(UN)이 그 약속된 땅에 이스라엘 국가를 수립하고 압박과 박해 밑에 있던 수백만의 유대인의 귀환이 허용되었을 때 유대인들은 모두 기뻐하였다. 율법은 예나 지금이나 삶의 바른 길이 되어 왔다. 즉 하나님의 율법대로 살고 그리고 그것을 후대에 전수함으로써 우리는 하나님과 우리의 이웃을 올바로 섬길 수 있게 된다. 이러한 율법의 기능이 이스라엘의 선택의식을 확인한다. 우리도 선택받은 백성이다. 그것은 하나님으로부터 특혜를 받아서가 아니요 하나님의 도덕법을 후세대에 전수함으로써 우리 자신만이 아니라 전인류에게 자유와 평화의 세계가 주어질 것을 기대하게 하셨기 때문이다. 예레미야 선지자가 그 언약의 갱신을 외친 것처럼 우리도 오는 세대마다 이 언약을 갱신하여야 한다. "그 날 후에 내가 이스라엘 집에 세울 언약은 이러하니 곧 내가 나의 법을 그들의 속에 두며 그 마음에 기록하여 나는 그들의 하나님이 되고 그들은 내 백성이 될 것이라 그들이 다시는 각기 이웃과 형제를 가리켜 이르기를 너는 여호와를 알라 하지 아니하리니 이는 작은 자로부터 큰 자까지 다 나를 앎이니라 내가 그들의 죄악을 사하고 다시는 그 죄를 기억지 아니하리라 여호와의 말이니라"(예레미야 31:33-34). 우리는 살아계신 하나님을 찬양할 때에 하나님과 맺은 언약관계를 찬양하는 것이다. 어제도 계셨고, 오늘도 계시고, 영원히 계실 살아계실 하나님을 찬양하라.

(Randall M. Falk)

준비

하나님의 부르심과 하나님의 계약은 항상 함께 따른다. 학생들에게 부르심과 언약을 연관지어 랍비 훠크의 글을 전하여 주라.

정보

"언약"이란 단어는 구약성경에서 베레트라는 단어를 사용하였다.

무지개는 생명을 보존하기 위한 하나님의 우주적인 언약의 상징이다.

하나님은 아브라함과 두 가지의 언약을 맺었다 :
● 남아를 위한 할례의 언약
● 땅의 언약

토라(Torah)의 언약은 도덕적이고 윤리적인 법을 포함하는데 이스라엘을 하나님과 묶어 준다.

유대인들은 자기들이 특별한 특혜를 누리도록 선택된 백성이 아니라 하나님의 도덕적인 율법을 미래의 세대에 전달하기 위하여 선택된 백성임을 알고 있었다.

여러 세대에 걸쳐 유대인들은 언약을 새롭게 하였는데, 예레미야 31:33-34에 의하면 그것은 곧 마음속에 새겨진 언약이었다.

대화

하나님의 부르심과 하나님의 언약은 무슨 관계가 있는가 ?

성경과 교재 (50분)

본과에서 여러분은 이스라엘 백성의 역사를 배우게 된다. 이 과는 하나님과 특수한 사명을 띤 한 백성간에 맺은 언약을 소개하고 있다. 이 주제는 앞으로 남은 성경연구에 도움이 될 것이다. 언약에 관하여 토의할 때 하나님께서 아브라함과 맺은 언약에는 세 가지 약속이 있음을 특별히 주의하라.

하나님께서 택하신 백성의 역사는 그 지리와 관계된 역사이다. 여러분의 성경과 교재에 있는 지도를 사용하는 습관을 기르라.

학생들은 성경을 읽으면서 하나님께서 그의 목적하신 바를 이행하기 위하여 어떻게 사람들을 선택하였으며 또 그의 언약을 보호 유지하기 위하여 어떤 방법을 사용하셨는가 공부한 것을 가지고 토의하라. 성경반 학생마다 지정받은 성경에서

특별한 사명을 위하여 부름받은 백성을 상징하는 한 사람을 선택하게 하고, 또 다른 한 사람에게는 그 선택된 사람에게서 관심거리가 무엇이며 하나님이 그를 통하여 어떤 일을 하였는가를 이야기하게 하라.

그룹으로 짝지어 학생용 교재에 있는 "성경의 가르침"의 질문들에 답한 것을 서로 나누게 하라.

교재에 제시된 추가연구를 한 사람이 있으면 이 시간에 보고하게 할 수 있다.

휴식 (10분)

말씀과의 만남 (25분)

성경구절 : 창세기 32:9-32

창세기 32:9-32를 같이 큰소리로 읽어라. 그룹을 셋으로 나눈 후 창세기 32:9-32를 세 그룹에 나누어 주라. 그런 후에 다음과 같이 질문하라. 이 구절은 하나님에 대하여 우리들에게 무엇을 말하여 주는가 ? 인간에 대하여는 무엇을 말하여 주는가 ? 하나님과 우리의 관계에 대하여 무엇을 말하여 주는가 ?

제자의 표 (20분)

제자들은 신앙의 언약 공동체의 일원이 되라는 하나님의 부르심에 응답하고, 하나님과 맺은 언약에 헌신할 것을 십일조로 표현한다.

이 과 첫머리에 있는 "인간의 상태"를 큰소리로 읽어라. 그런 후에 다음의 질문을 토의하라 : 어떤 종류의 부름이 사람들을 이끄는 힘을 가지고 있는가 ?

"제자의 표"에 있는 질문에 대답한 것을 가지고 함께 토의하라. 성경반 학생들이 이 교재를 공부하면서 십일조를 바치기로 함께 언약을 맺기 원하는가 아닌가 질문하라. 이러한 부르심은 자신을 초월한 희생이 요구되는 부르심이다.

폐회기도 (10분)

5과를 열고 금주의 기도제목을 적어라. 기도로 폐회하라.

5 인간의 부르짖음을 들으시는 하나님

개회기도 (5분)

토의 시작 (20-25분)

유대인들에게는 세 가지 큰 축제가 있다. 첫째는 유월절 축제이다. 유월절은 역사적인 면에서 뿐만 아니라 농경적인 면에서도 중요한 의미가 있다. 유월절은 밀의 수확기인데 유대인들은 예루살렘 성전에 올라가 밀을 감사의 제물로 바쳤다. 이들은 "쎄이더"라는 종교의식의 만찬을 먹으며 유월절을 축하하였다. 쎄이더라는 말은 질서라는 뜻으로서 쎄이더를 먹으면서 이들은 땅의 소산을 주신 하나님께 감사함을 상기할 뿐만 아니라 유대인들이 애굽의 종살이로부터 해방된 역사적인 사건과 모세의 영도하에 40년간 약속된 땅을 향하여 긴 고난의 길을 걸어왔던 역사적인 사건을 상기한다. 유대인들의 역사와 세계역사에 있어서 가장 중요하였던 이 역사적 사건은 유월절에 각 가정에서 쎄이더 식사를 나눔으로써 기념되는데 그 쎄이더 식사에는 여러가지 상징이 사용된다. 이들 중에 가장 중요한 상징은 "맛짜"라고 불리우는 무교병인데 유대인들은 옛 조상들이 출애굽시에 무교병을 먹었던 것을 기억하며 7일 동안 무교병을 먹게 되어 있다. 이 이야기는 출애굽기 13에 나온다. "모세가 백성에게 이르되 너희는 애굽에서 곧 종 되었던 집에서 나온 그 날을 기념하여 유교병을 먹지 말라 여호와께서 그 손의 권능으로 너희를 그곳에서 인도하여 내셨음이니라…… 네 조상들에게 맹세하신바 젖과 꿀이 흐르는 땅에 이르게 하시거든 너는 이달에 이 예식을 지켜 칠일 동안 무교병을 먹고 제 칠일에는 여호와께 절기를 지키라"(출애굽기 13:3-6). 오늘날도 유대인들은 일 주일 동안 유월절을 지키는데 삶의 기쁨을 상징하는 포도주로 건배를 들면서 시작한다.

유월절 식탁에는 파아슬리 채소가 놓이는데 그것은 이 땅에서 자라는 식물을 우리에게 상기시키는 상징이 된다. 그러나 이들은 파아슬리를 짠 소금물에 찍어서 먹는데 그것은 이처럼 즐겁고 감사한 순간에도 그들의 옛 조상들의 눈물을 자아냈던 억압의 고통을 상기시켜 준다. 그리고 유월절 식탁에는 매운 냉이 뿌리가 놓이는데 그것도 역시 종살이 탄압을 받던 시절을 상기시킨다. 그리고 식탁에는 사과와 꿀과 땅콩류의 혼합물이 놓여 있는데 이것은 히브리 민족이 애굽에서 피라밋을 짓기 위하여 짚 없이 벽돌을 만들기 위하여 사용하였던 진흙을 상징한다. 그리고 식탁에는 구운 달걀을 놓아두는데 그것은 생명의 재생과 지구상에 있는 하나님의 백성을 상기시킨다. 구운 양의 뼈는 첫 유월절에 잡은 양을 상징하지만 유대인들이 출애굽 후에 그들이 얻은 자유를 기뻐 경축하는 첫 공동식사에 사용하기 위하여 잡은 양을 상징한다. 마지막으로 유월절 식탁에는 엘리야의 잔이 놓여 있는데 이는 메시야의 오심을 전하여 주기 위하여 오실 선지자가 바로 엘리야임을 나타내며 그 날이 되면 하나님의 정의와 자유와 평화의 왕국이 이 땅 위에 다시 건설되리라는 신앙의 표시이다.

이 유월절 축제는 가족적인 축제로서 특히 유대인들은 그 위대한 역사적인 사건 즉 출애굽 사건을 자녀들에게 이야기하여 주는 기회로 삼는다. 자녀들은 식사 중에 여러가지 질문을 말한다. 예를 들면 "이 밤이 다른 밤들과 다른 이유가 무엇입니까?"

유월절은 유대인들에게 중요한 것처럼 기독교인들에게도 중요하다. 많은 기독교 학자들은 예수께서 제자들과 더불어 최후의 만찬을 나누신 것은 바로 이 유월절 식사였다고 믿는다. 그리고 예수 자신이 유월절의 양이 되심을 증거하였다. 그러므로 유대인과 기독교인들은 이 구속과 해방의 이야기 속에서 자신들을 재헌신하는 계기를 찾아야 한다. 양심의 자유, 국가의 정치적 자유, 그리고 무엇보다 우리가 경외하는 하나님을 섬길 수 있는 자유를 우리는 회상하며 감사한다.

유대인들은 7일 동안 유월절을 기념하는데 첫날은 가정에서 "하가다"라고 하는 기도서를 사용하여 특별 가정예배를 드린다. 이 기도서는 첫 유월절의 해방 이야기를 전하여 준다.

하나님께서 당신을 큰 고통에서 해방시켜 주신 일이 있는가? 그렇다면 당신은 어떻게 그 중요한 사건을 상기하며 경축하는가? 성경에서 출애굽 기사를 읽고 명상할 때 우리는 하나님의 자유케 하시는 권능이 지금도 역사하고 계심을 발견하게 된다.

(Randall M. Falk)

준비

유대인들에게 있어서 유월절은 기쁨과 감사의 계절임을 소개하라. 유대인들이 축하하는 유월절의 내용이 무엇인지 잘 전하여 주라.

정보

유월절은 농경적으로나 역사적으로 의미가 있다.

● 농경적으로, 유월절은 대지의 소산물로 하나님께 감사하는 계절이다.

● 역사적으로, 유월절은 히브리 민족의 애굽으로부터의 해방을 기억하는 것이다.

유월질은 쎄이더라고 부르는 만찬의식을 가지면서 축하하는데 쎄이더는 질서를 의미한다.

유월절은 가족이 모여 지키는 시간으로서 자녀들에게 역사적인 사건을 이야기하여 주기 위하여 질문들을 사용한다 : 왜 오늘 밤이 다른 모든 밤들과 다른가?

유월절은 유대인들 뿐만 아니라 기독교인들에게도 중요한 의미가 있다. 예수님과 그의 제자들의 마지막 만찬이 쎄이더 식사이었던 것 같다.

대화

유월절에 유대인은 무엇을 축하하는가? 그들은 왜 기뻐하고 감사하는가? 유월절의 내용과 성만찬의 내용을 서로 비교할 수 있는가?

성경과 교재 (50분)

출애굽사건의 중요성은 아무리 강조한다고 할지라도 지나친 강조라고 말할 수 없다. 이스라엘 역사는 언제나 출애굽사건을 통하여 보여졌다. 그 사실 자체가 이스라엘 백성과 하나님과의 관계를 이해함에 무엇을 의미하는지 질문하라.

출애굽에서 지도자 역할을 담당한 인물들을 알기 위하여 그들의 이름을 한 사람씩 부르고 회원들로 하여금 그 인물에 대해 알고 있는 내용을 적어 보도록 하라. 그 인물들은 모세의 어머니, 모세의 누이 미리암, 바로의 딸, 모세, 아론, 바로 등이다.

다같이 출애굽기에 있는 새 왕의 등장으로부터 시내 광야의 진입에 이르기까지 위기나 전환점들을 찾아내어 기록하게 하라. 각 대목에서 다음의 질문들을 토의하라 : 이스라엘 민족이 출애굽을 돌이켜 보았을 때 그들은 하나님을 이 위기점에서 어떻게 역사하시는 하나님으로 이해하였는가?

출애굽의 배경에 대한 정보를 공부하는 또 한 방법은 회원들이 돌아가면서 이야기하는 것인데 첫번째 사람이 이야기를 시작하여서 그가 할 수 있는 데까지 이야기하면 다음 사람이 이야기를 받아서 또 그가 할 수 있는 데까지 계속한다. 이처럼 돌아가면서 그 이야기가 완성될 때까지 진행한다.

휴식 (10분)

말씀과의 만남 (25분)

성경구절 : 출애굽기 3:1—4:17

출애굽기 3:1—4:17을 혼자서 조용하게 읽어라. 새로 깨달은 것이나 질문이 있으면 적어라. 그리고 같이 적은 내용을 나누어라. 다음과 같은 질문으로 토의를 진행하라. 이 이야기에서 지금 무엇이 일어나고 있는가? 저자가 전달하고 싶은 내용은 무엇인가? 중심사상은 무엇인가? 오늘의 교회에 주는 의미는 무엇인가? 나에게 주는 의미는 무엇인가?

제자의 표 (20분)

제자들은 해방의 메시지를 전달하라는 하나님의 부르심을 듣고 이에 순종한다.

그룹을 둘로 나눈 후 한 그룹에게는 "인간의 상태"를 같은 목소리로 읽게 하고 다른 그룹에게는 "제자의 표"를 읽게 한다. 그런 후에 "제자의 표"에 있는 질문에 답하게 하라. 구원에 대한 하나님의 메시지가 무엇인가 서로 나누어라.

폐회기도 (10분)

6과를 열고 금주의 기도제목을 적어라. 기도로 폐회하라.

6 율법을 주신 하나님

토의 시작 (20-25분)

우리는 십계명에 대하여 잘 알고 있다. 모세는 시내산 꼭대기에 올라가서 하나님으로부터 이 계명에 대한 음성을 들었다. 이 십계명은 "하지 말라"는 문장으로 된 짧은 구절들로서 인생을 망치고 공동체의 생활을 파괴하게 될 인간의 행위들을 분명히 기술하고 있다.

십계명은 네 부분으로 나눌 수 있다. 첫째 부분은 우리의 삶을 전적으로 하나님의 뜻에 바치기를 요구하는 것이다. 계명은 하나님의 형상들을 만들지 말라는 것과, 다른 사람을 해치기 위하여 하나님의 이름을 남용하지 말라는 것으로 되어 있다.

두번째 부분에는 두 개의 계명이 포함되어 있다. 일곱째 되는 날에는 우리 자신들 뿐만 아니라 동물들까지도 하던 일을 멈추고 쉬어야 한다는 것이다. 안식은 일하는 자체만큼 중요한 것이다. 그 이유는 삶이라고 하는 것은 일을 쉬는 것과, 수고를 안하는 것과, 예배를 드리는 것과, 생을 즐기는 것 모두를 포함하고 있기 때문이다. 이 두번째 부분의 둘째 계명은 부모를 존경하여야 한다는 계명이다. 어린 아이들이 부모를 존경하여야 한다는 의미보다는 장성한 어른이 부모를 존경하여야 한다는 의미가 더 강하게 내포되어 있다.

세번째 부분은 살인하지 말고, 간음하지 말라는 계명이다. 생명은 하나님께 속하여 있으므로 사람들은 생명을 항상 존중하여야 하고 소중히 다루어야 한다. 만약 사람들이 생명을 해쳐야 할 입장에 놓이게 된다면 그것은 다른 생명을 보호하기 위하여서만 허용된다. 예를 든다면 다른 사람을 죽이려고 하는 것을 막는다든가 히틀러처럼 미친 지도자를 막기 위하여 여러 나라가 개입하는 일은 정당화되어 있다. 그리고 두 사람 사이의 성관계는 두 사람의 결합을 가져오므로 영구적인 배우자와의 성관계만이 허용된다. 일시적인 쾌락과 결과를 생각하지 않는 성관계는 금지되어 있고 강압적인 성관계도 금지되어 있다.

네번째 부분은 네 개의 계명을 포함하고 있다. 다른 사람들의 종이나 소유물을 빼앗지 말라는 것이요; 물질의 위협을 받지 않으며 살도록 생활을 보호하여 주라는 것이요; 거짓 증거하지 말고, 말이라고 하는 것은 항상 신빙성이 있고 진실하여야 한다는 것이요; 마지막으로 남의 재산이나 남에게 속한 사람을 탐내지 말라는 것이다. 다른 사람의 것을 탐내면 자신이 병들고 만다는 것이다.

이 계명들이 어떻게 사람들을 도와 주었는가? 부정적인 면을 보여 주는 계명 같지만 이러한 제약 없이 우리가 마음대로 행동하면 인간의 생명을 파멸시킬 수 있는 심각한 인간 행위를 보여 주는 것들이다.

우리는 이러한 금지령의 문제를 놓고 토론하여야 한다. 살인이 무엇이고 간음한다는 것이 무엇을 의미하느냐를 놓고 진지하게 토론할 때에 우리에게 필요한 적극적인 지침을 얻게 되는 것이다. 십계명은 부정적인 면을 우선 제공하여 주고 있음이 분명하다. 세상에서 네가 무엇을 하든지 간에 하나님의 이름을 망령되게 일컫지 말고 하나님의 능력을 악용하는 대신에 모든 생명의 원천이 되시고 섭리자가 되시는 하나님께 스스로를 바치라는 뜻이다.

무엇을 하든지 일을 삶의 유일한 목적으로 삼지 말라. 일손을 놓고 쉬어라; 쉬면서 기도하라; 쉬면서 하나님께 예배드려라; 쉬면서 하나님의 창조를 만끽하라.

나이가 많아 활동할 수 없게 될 때에 이용가치에 준하여 생명을 평가하지 말라. 나이든 부모들을 존경하라. 그들을 숨겨 놓거나 잊어버리지 말라.

무엇을 하든지 간에 다른 사람의 생명과 소유물이 무가치한 것처럼 행동하지 말라. 생명을 존중하여야 하고 다른 사람들을 존중하여야 한다.

이 짧은 계명들은 삶의 기본자세를 소개하여 준다. 이 계명들은 우리가 알아야 할 모든 것을 말하여 주지 않고 율법주의자처럼 "하라" "하지 말라"로 우리의 삶을 졸라매지 않는다. 오히려 그들은 "이러한 것은 하지 말라"고 강조한다.

십계명은 정말로 모세로부터 왔는가? 그것은 분명하지 않다. 모세로부터 내려왔을 수도 있고 그렇지 않을 수도 있다. 그러나 십계명은 처음부터 지금과 같은 형태로 전달되었고 모세가 전하여 주었거나 모세의 시대로부터 전하여진 것만은 분명하다. 고대의 다른 법문서에 이와 비슷한 것들이 있으나 십계명 전체의 내용을 포함하고 있는 법문서는 하나도 없다.

제 칠일에 일손을 멈추고 쉬라는 계명은 중동지역에서 찾아볼 수 없는 계명이요 새긴 우상을 만들지 말고 하나님에 대한 아무 형상도 만들지 말라는 계명은 특이한 계명이다. 고대의 어느 법문서에도 이러한 조항이 적혀 있는 법문서가 없다. 그리고 애굽이나 바벨론에서 법문서를 수집하여 놓은 어느 책에도 십계명과 같은 언급이 표명되어 있는 책이 없다. 내가 믿기는 하나님의 인도하심에 따라 모세가 이 계명을 시작하였음이 틀림 없다. 십계명에는 부정적인 조항이 많아서 하나님과 이웃에 대한 사랑을 강조한 신약성경의 적극적인 가르침이 더 좋지 않은가라고 질문을 하는 사람이 있다. 그러나 우리는 두 가지 다 필요하다.

십계명은 하나님께서 절대적으로 하지 말라는 것을 그대로 받아들이라는 것이고 하지 말라는 내용이 우리의 삶과 공동체를 위하여 무엇을 의미하는지 생각하여 보게 하는 것이다. 하나님께서는 우리가 하나가 되기를 원하시는 것을 잘 알고 있고, 또 우리 스스로도 하나가 되기를 원하고 있다. 이 세상에 하나님이 한 분뿐이시라는 말씀은 얼마나 놀라운 말씀인가! 창조의 하나님, 하나님께서 창조하신 피조물, 그러므로 세상에는 한 분이신 하나님과 그의 피조물 밖에 없다. 우리는 우리의 종교관을 남에게 주입시키고자 하기 쉬운데 제3계명은 이를 못하게 한다.

우리는 남에게 포악한 행동을 취하기 쉬운데 제6계명은 이를 못하게 한다. 우리도 남의 사람이나 소유물을 내 것으로 만들려는 욕심을 가지고 있는데 제7계명과 제10계명은 이러한 욕심을 제거하고 있다.

십계명이야말로 이 세상이 필요로 하는 것이다. 십계명은 우리의 행동을 멈추게 하고, 우리의 행동을 반성하게 하고, 멸망으로 인도하는 길을 알게 하여 주고, 참된 길을 다른 사람들과 함께 추구하도록 인도하여 준다. (Walter J. Harrelson)

준비

토의 시작의 내용을 전달하기 전에 다같이 출애굽기 20:1-17을 큰 소리로 읽어라. 십계명이 어떻게 나뉘어졌으며 "하지 말라"는 부정적인 관점의 가치성에 경청하도록 하라.

정보

십계명의 대부분이 "하지 말라"로서 시작되는데 그것은 십계명이 공동체 생활을 파괴하는 여러 가지 행동을 설명하기 때문이다.

십계명은 네 그룹으로 나뉘어져 있다 :
● 처음 세 계명은 우리의 생을 완전히 하나님의 뜻에 내어 맡길 것을 요구한다.
● 다음 두 계명은 안식일을 지키고 부모를 공경하라는 요구이다.
● 십계명의 세째 그룹인 살인하지 말라, 간음하지 말라는 계명은 생명이 하나님께 속한 것이며 인간들은 생명을 소중히 여기라는 것을 강조한다.
● 네번째의 세 가지 계명은 도둑질, 거짓증거, 그리고 남의 물건을 탐내지 말라는 것이다.

십계명은 하나님의 인도하심에 따라 모세로부터 시작되었다.

대화

다음의 질문을 가지고 전체 성경반에서 토의하라 : 만일 부정적인 계명이 긍정적으로 쓰여진다면 무엇이 결여되는가?

이 질문에 대한 답변으로 십계명 전체를 긍정적인 명령형으로 바꿔 말해 보라.

성경과 교재 (50분)

지정된 성경과 공부한 것을 다음의 세 가지 질문들을 가지고 토의하도록 지도하라 : 율법(토라)의 의미와 기능을 이해하기 위하여 토론하라. 토라에서 히브리인들을 구별된 백성으로 규정한 그 의미를 발견하기 위하여 토론하라. 하나님이 백성에게 주신 율법 안에서 확증된 하나님의 성품을 배우기 위하여 토론하라.

"성경 읽기"와 "성경의 가르침"을 읽는 동안 의문났던 것이나 혹은 노우트한 것을 가지고 토론하라. 율법의 목적은 무엇이었나? 율법의 요구가 어떤 면에서 이스라엘 사람들을 특별한 백성으로 구별하게 되었는가? 하나님께서 그의 백성에게 주신 율법은 하나님에 대하여 무엇을 가르쳐 주고 있는가?

율법에 관한 이 성경구절들은 율법 제정자로서의 모세에 대하여 더 자세히 알게 하여 준다. 성경구절들을 그룹에게 나누어 준 후 하나님으로부터 율법을 받은 모세와 그 율법을 사람들에게 전달하여 준 모세에 대하여 이해하도록 도와 주라. "성경 읽기"의 몇 구절들은 암송하면 좋다. 십계명과 첫 계명을 자세하게 설명한 신명기 6:4-9이다.

휴식 (10분)

말씀과의 만남 (25분)

성경구절 : 신명기 8

한 사람으로 하여금 신명기 8을 읽도록 하라. 이 구절은 하나님에 대하여 우리들에게 무엇을 말하여 주고 있는가? 사람에 대하여는 무엇을 말하여 주고 있는가? 하나님과 인간의 관계에 대하여 무엇을 말하여 주고 있는가?

제자의 표 (20분)

제자들은 하나님의 율법을 실행으로 확증한다.

이 부분에서 요구한 응답은 "인간의 상태"에서 설명한 인간의 요구에 직접 관계된다. 이 부분의 정보는 전체 모임이나 소그룹 모임 어느 모임에도 적절하다. 몇 사람에게는 이 공과에 나오는 성경구절에서 제자란 어떤 사람을 말하는가 자신들의 대답을 읽게 하라.

폐회기도 (10분)

7과를 열고 금주의 기도제목을 적어라. 기도로 폐회하라.

7 하나님의 임재

개회기도 (5분)

토의 시작 (20-25분)

출애굽기 후반부와 레위기에 기록되어 있는 희생제물 제사 제도는 기독교인들이 이해하기에는 힘든 것이다. 창세기와 출애굽기 전반부에 있는 이야기에 빨려들어가는듯 생생하게 이야기를 읽다가 이 부분에 오면 성경을 읽기가 힘들어진다. 그러나 예수님께서는 그의 대계명 중에 둘째 것인 "네 이웃을 네 몸과 같이 사랑하라"는 계명을 레위기에서 인용하셨다 (레위기 19:18). 희생제물 예식은 신앙의 공동체 즉 하나님의 백성으로서 우리가 하나님과 가져야 할 관계의 중요 요소들을 말해 주고 있다.

예식은 예배를 통하여 사람들이 같이 행하는 신앙의 내용이요 또한 그들을 대표하여 목사나 신부가 행하는 신앙의 내용이다. 종교적인 면에서 볼 때 예배를 통하여 우리가 행동으로 보이는 것이 어떤 때에는 우리가 말하는 것보다 더 중요하다. 행동은 말과 신학보다 하나님에 대한 우리의 확신과 하나님과 우리와의 관계에 대한 확신을 더 잘 표현하여 준다. 그래서 우리의 과제는 레위기에 적혀 있는 하나님을 위하여 희생제물을 제단에 바친 행위의 내용이 무엇인가를 깨닫는 데 있다.

우선 출애굽기 후반부와 레위기에 있는 제사 자료들은 토라 혹은 구약의 첫 다섯 권의 책과 연관시켜 읽는 것이 중요하다. 토라에서 연극을 보는듯 훌륭한 장막들이 나타나는데 그것은 창조의 이야기로부터 시작하여서, 이스라엘의 조상들의 역사를 꿰뚫고 있으며, 유대 전통 체험의 절정에 달하고 있다. 그 체험은 바로 노예로부터 해방된 출애굽의 사건이며 하나님을 섬기며 예배드리도록 부름받은 공동체의 형성이다. 오늘날도 유대인들은 봄철이 되면 출애굽과 부름받은 공동체라는 사실을 축하하기 위하여 유월절 축제를 거행하고 있다.

토라 이야기가 절정에 달하였을 때 우주를 창조하시고 섭리하시는 거룩하신 하나님께서 그의 백성에게 찾아와서 거하시기로 작정하셨다고 선포를 한다. 희생제물 제도와 관련하여 출애굽기 25:8에 하나님께서 의도하시는 바가 기록되어 있다 : "내가 그들 중에 거할 성소를 그들을 시켜 나를 위하여 짓되." 하나님께서는 그의 백성에게 가까이 오시기로 마음 먹으셨고 또 예배드리는 백성들 가운데 거하시기로 결정하셨다.

그러나 하나님의 임재에 대한 선포는 문제를 제기하게 되었다. 거룩하신 하나님 앞에 설 수 있는 가치있는 사람이 있단 말인가? 하나님의 임재를 느끼는 인간의 반응은 가치없는 스스로의 발견이요, 도덕적으로 불완전한 스스로의 발견이요, 죄책감 속에서 사는 스스로의 발견이다.

이러한 스스로의 발견이 이사야 6에서 이사야가 선지자로 부름받았을 때 체험한 신앙고백이었다. 성전에서 이사야는 위엄있는 하나님의 거룩하심이 그를 질리게 하였던 것이다.

하나님의 거룩하신 임재에 대한 이사야의 반응은 가치없고 불완전한 것 같은 스스로의 느낌이었다 : "그 때에 내가 말하되 화로다 나여 망하게 되었도다 나는 입술이 부정한 사람이요 입술이 부정한 백성 중에 거하면서"(6:5). 그러나 그 환상에는 희귀하고 기대하지 않았던 사건이 벌어진다. 스랍의 하나가 화저를 단에서 가지고 와서 이사야의 입술에 대며 "네 악이 제하여졌고 네 죄가 사하여졌느니라"고 말하였다 (6:7). 여기서 "제하여졌다"는 히브리어의 어근은 속죄라는 동사의 어근과 같은 것이다. 즉 우리의 죄가 사하여졌고 하나님과의 좋은 관계가 회복되었다는 뜻이다. 그래서 죄사함을 받은 이사야는 하나님의 거룩하신 임재 앞에 설 수 있었고 스스로를 하나님의 종으로 써 달라고 말할 수 있었다.

왜 희생제사를 드려야만 하였는가? 하나님께서는 희생제사를 필요로 하시지 않았음이 분명하다. 왜냐하면 하나님은 배고프시지도 않고 음식을 필요로 하지 않으시기 때문이다.

하나님은 그의 분노를 달래기 위하여 제사를 원하시는 것도 아니다. 이스라엘의 제사장들이 따랐던 규례들은 하나님을 위하여 존재하였던 것이 아니라 하나님께서는 우리의 죄를 용서하여 주시고, 씻어 주시고, 회복하여 주실 준비가 다 되어 있다는 사실을 표현하여 준 것들이다. 레위기 첫 부분에 적혀 있는 이 희생제사들은 죄를 사하여 줄 수 있고 바른 관계를 회복하여 줄 수 있는 하나님의 능력을 표현하여 준 예식들이다. 즉 화해를 보여 주는 예식들이다. 이 희생제사에서 피를 흘리는 것은 인간의 죄를 사하여 주고 인간과 하나님이 화해하는 데 유효한 것으로 이해되었다. 그 이유는 피가 신비스러운 생명의 소재지로 간주되었으며 생명을 주시는 하나님께서도 거룩하게 생각하시기 때문이다.

이 예식들이 하나님의 자비하신 용서를 실행으로 옮긴 것이기 때문에 우리가 레위기 1:4에서 읽을 수 있는 바와 같이 그들이 "열납되어 그를 위하여 속죄가 될" 것이다. 속죄의 행위를 통하여 인간은 하나님과 화해되고 하나가 된다. 하나님께서는 죄된 인간들이 거룩하신 하나님께 용납되게 하기 위하여 방법을 제시하신다. 이사야가 성전에서 죄사함을 체험하였듯이 사람들이 죄의 용서를 체험할 것이며 이사야가 제단에서 가져온 화저로 죄사함을 받았듯이 하나님께서는 우리의 삶을 어루만져 주심으로써 우리가 거룩하신 하나님을 섬길 수 있도록 힘을 주실 것이다.

오늘날 레위기에 기록되어 있는 희생제사를 예배를 통하여 그대로 실천하는 사람이 없음이 분명하다. 예배의 형식은 변하였으나 성경의 사람들이 체험하였던 의미는 예배를 통하여 계속되고 있다. 신약에 있는 히브리서와 같이 십자가에서 돌아가신 대제사장 그리스도의 희생적인 죽음은 구약의 희생제물 제도의 의미를 성취하는 것일 뿐만 아니라 완성하는 사실이라는 것이 기독교 공동체에서 확인되었다. 그리스도의 희생은 하나님의 용서하시는 사랑이 말로 형용하는 것보다 더 강하게 실행으로 옮긴 것이며 하나님의 거룩한 임재 앞에 자신있게 설 수 있도록 힘을 불어 넣어 준 것이다. 로마서 12:1에서 바울이 말한 것처럼 우리 스스로를 거룩한 산 제사로 드리도록 실천에 옮긴 것이다.

성만찬을 통하여 기독교 공동체는 예수 그리스도의 구원의 희생 체험을 서로 나눈다. 신비적인 피의 힘을 생각하면서 기독교 공동체는 그리스도의 희생적인 피의 공로로 죄가 씻기어졌음을 성만찬을 통하여 실행으로 옮기고 있는 것이며 하나님과 하나가 되고 새 삶을 맛본 것을 실천에 옮기고 있는 것이다. 유대인이 유월절을 축하하였듯이 기독교인은 예배를 통하여 하나님과 인간, 인간과 이웃을 분리시키는 모든 장벽을 극복하는 하나님의 용서와 회복의 능력을 축하하는 것이다.

(Bernhard Anderson)

준비

하나님께 희생제물을 드리는 과정에서 사람들이 어떻게 표현하였으며 또 무엇을 성취하기 원하였는가?

정보

예식은 공중예배를 통하여 사람들이 실행으로 옮기는 신앙의 내용이다.

하나님은 하나님께 예배드리는 사람들에게 가까이 오시고 그 속에 거하시기로 작정하신다.

하나님의 임재에 대한 우리의 반응은 우리 스스로가 가치없는 존재요 죄책감 속에서 사는 존재라는 사실로 나타난다.

"제하여졌다"는 히브리어로 속죄라는 동사의 어근과 같은 것이며 죄를 사하여 주고 하나님과 바른 관계를 맺어주는 것을 의미한다.

이 희생제물과 관계된 예식들은 하나님께서 우리의 죄를 용서하여 주시고, 씻어 주시고, 회복하여 주실 준비가 되어 있다는 사실을 표현하여 주는 것들이다.

속죄는 하나님과 화해하고 하나가 되는 것을 의미한다.

하나님께서도 죄된 인간들이 거룩하신 하나님께 용납되게 하기 위하여 방법을 제시하신다.

십자가 위에서의 그리스도의 희생적인 죽음은 구약의 희생제물 제도의 의미를 성취하는 것일 뿐만 아니라 완성하는 것이다.

대화

희생제물은 왜 필요하였나?

하나님과 인간과의 관계를 위하여 희생제물이 주는 의미는 무엇이었나?

성경과 교재 (50분)

히브리인의 예배의 필요성, 예배의 장소, 예배의 요소 등 세 가지 주제와 관련하여서 히브리인들의 예배를 소개하고 연구하라.

예배의 필요성 : "인간의 상태"를 큰 소리로 읽고 죄와 죄책감의 문제들을 제기하라. 또 이 주제와 관련하여서 인간이 하나님께 마땅히 감사드려야 할 필요성과 삶의 전체로써 엮어진 예배를 생각하여 보라.

예배의 장소 : 많은 사람들이 성막(Tabernacle)과 그 시설에 관한 설명에 흥미를 갖는다. 그래서 회원들로 하여금 특별히 조사연구한 후 보고를 듣거나 성서적 설명을 토의할 시간을 갖도록 계획할 수 있다.

예배의 요소들 : 회상의 기회를 갖고, 용서를 구하며, 감사드리는 것을 교재에서는 기억, 속죄, 감사 등으로 설명하였다. 이러한 용어들은 속죄에 대한 신학적 설명을 하여 주고 히브리인의 예배와 기독교인의 예배에 있어서 구원과 구속의 상징으로서 유월절과 예수의 죽음의 유사점 등을 토의할 수 있는 기회를 제공하며, 속죄와 관련된 용어 등의 정의를 제공한다.

개인의 신앙을 확인하고 재확인하는 방법으로 기억행위에 특별히 주목하라. 다음의 질문을 토의하라 : 기독교인들은 예배의 일부분으로서 기억행위를 언제 어떠한 방법으로 사용하는가?

휴식 (10분)

말씀과의 만남 (25분)

성경구절 : 출애굽기 40:16-38

모든 사람들로 하여금 이 구절을 조용히 읽도록 하라. 이 구절을 다시 크게 읽는 동안 그룹 회원들로 하여금 귀로 듣는 듯, 코로 냄새를 맡는듯, 눈으로 보는듯, 입으로 음식맛을 맛보듯, 손으로 무엇을 만지듯 생생하게 구체적으로 생각하여 보게 하라. 이 구절에서 하나님의 성격에 대하여 무엇을 말하여 주는가?

제자의 표 (20분)

제자들은 공동예배에 열심히 참석한다.

학생용 교재에 있는 이 부분의 질문을 사용하여 공중예배에 대한 그들의 자세에 관하여 토의를 하게 하라. 예배의 필요성이 교재에서 설명한 것과 비슷한가를 이야기하게 하라.

폐회기도 (10분)

8과를 열고 금주의 기도제목을 적어라. 기도로 폐회하라.

8 왕이 없는 백성

토의 시작 (20-25분)

여호수아와 사사기는 히브리민족의 언약 역사에 있어서 두 개의 다른 단계를 취급하고 있다. 즉 가나안 정복의 이야기와 정착의 이야기이다. 여호수아는 정복의 이야기이고 사사기는 하나님의 뜻 아래 왕이 없는 언약 공동체의 원시적 형태의 이야기이다. 그러므로 여호수아와 사사기를 읽으면서 우리는 이스라엘이 약속된 땅에 정착하여 강압통치의 구속을 벗어나 살려고 하는 것을 볼 수 있다. 그러나 그들의 뜻대로 되지 않고 이스라엘 민족은 계속 위기를 직면하게 되었다. 이러한 위기는 결국 인간의 자기중심적인 데서 왔으며 그럴 때마다 하나님께서는 구원자를 그들에게 보내주셨다. 사사들은 율법 전수자들이 아니라 바로 이 구원자들이었다. (히브리 백성들이 시내산에서 받은 율법은 우상숭배와 불의를 떠나 유일신 하나님을 사랑하고 섬기라는 율법이었다.)

이스라엘 민족이 가나안 땅을 정복하고 정착하는데 성공은 하였으나 주변국가들처럼 왕이 필요하다는 의견이 차츰 대두되었다.

이것이 그들을 곤경에 빠뜨리는 이유가 되었다. 세상을 따라 살려고 하는 이스라엘이 혼란 속에 빠지게 되자 하나님은 그들에게 구원자 또는 사사를 일으키사 다시 언약관계 속에서 평정을 찾게 하시지만 그들은 다시 혼란 속에 빠지는 악순환이 계속된다. 이스라엘의 역사 속에서 볼 수 있는 것은 그들의 교만과 이기심, 언약의 파기와 우상숭배가 그들을 어려움 가운데 몰아 넣었다는 것이다. 왕을 요구하는 그들의 요청은 그들이 왕을 가지게 되면 다른 백성들과 같이 강하게 되고 권력 밑에서 살면서 율법을 잘 준수할 수 있다고 하는 잘못된 믿음을 상징하는 것이다. 그들의 이유는 왕정통치가 물론 하나님의 나라나 그의 의보다는 못하지만 무정부상태보다는 낫다는 것이었다.

그러면 사사들은 어떤 사람들이었는가? 사사들은 히브리 민족이 위기에 봉착하였을 때 그리고 이웃 대적국가들로부터 그들이 위협을 당하였을 때 그들을 구원하여 준 사람들이었다. 그러나 이들 구원자들은 왕은 아니었다. 그들은 이스라엘의 적들을 격파하고 이스라엘 민족을 하나님과 올바른 관계로 돌아오도록 하는 데 사명이 있었다.

가나안 정복은 단시일내에 이루어진 전쟁의 결과가 아니라 오랜 기간에 걸친 정착을 통하여 이루어진 것이다. 정착의 성공은 이스라엘 백성으로 하여금 생명의 언약관계 즉 하나님이 그들의 왕이요 통치자라는 전제에 돌아오도록 도운 선지자와 사사들에 의존되었었다. 이스라엘 백성은 하나님의 토라(율법)와 하나님의 의와 공평과 평화의 통치를 이 세상에서 증거할 책임이 주어졌다. 율법에 순종하면 샬롬 즉 평화가 주어질 것이다.

가나안 정복 이야기 중에 우리를 당혹하게 하여 주는 것이 한가지 있다. 그것은 피비린내 나는 학살행위이다. 여호수아와 사사기에 나오는 무자비한 학살행위는 그것이 과연 하나님의 섭리였는가라는 의문을 가지게 한다. 여기서 우리가 이해하여야 할 것은 가인과 아벨 이후 인류역사는 피와 눈물로 점철되어 왔으며 현재도 마찬가지라는 사실이다. 이것은 하나님 자신이 피에 굶주린 분이라는 것이 아니라 하나님께서 창조하시고 자유의지를 주신 인간성이 타락한 상태에서 비인간적인 행동을 할 수 있다는 것이다. 하나님은 그의 힘으로 인간의 자유를 제어하지 않으시고 의, 정의(미스팥), 자비, 조화를 요구하시며, 폭력이나 잔인성을 통하여서 평화(샬롬)를 성취하려는 인간의 노력을 좌절시키신다. 그러나 인간은 계속 하나님을 그들의 정복왕으로 추대하고 그들의 유혈전쟁을 합리화시켜 주는 분으로 믿는다. 성경에 나오는 사사들은 용장들로서 하나님을 그들의 모습처럼 그리려고 하였다. 그러나 하나님은 자신을 십자가와 부활, 그리고 영원한 의와 평화의 왕국으로 표현한다.

(Albert C. Outler)

준비

두 가지 질문을 염두에 두고 토의시작을 나누어라 : 사사들은 누구였으며 그들은 왜 필요하였는가? 이 이야기에 나오는 폭력과 유혈의 참사를 어떻게 이해하여야 하나?

정보

여호수아와 사사기는 언약 역사에서 두 개의 단계를 그리고 있다 : 여호수아는 정복에 관한 서술이고 사사기는 국가의 정착과 하나님의 뜻과 하나님의 통치에 의한 하나의 언약 공동체의 건설을 서술하고 있다.

사사들은 입법자들이 아니라 구원자들이었다.

이스라엘의 왕에 대한 열망은 자기들도 다른 백성들과 같이 될 수 있고 동시에 율법도 지킬 수 있다는 저들의 잘못된 신앙을 상징하는 것이었다.

사사들은 백성들이 이스라엘의 왕이요 통치자이신 하나님과의 언약적인 삶을 다시 이해하도록 도와 주었다.

하나님은 인간의 비인간적 행동을 저지하는 것이 아니고 의와 정의와 자비와 화목을 계속 요구하신다.

사사들은 하나님을 자기들의 행동을 정당화하는 분으로 그리려고 하였다.

대화

"준비"란에서 제의된 질문들에 대하여 의견을 서로 나누어라.

성경과 교재 (50분)

모세의 지도하에 훈련을 받고 국토 정복과 정착을 탐지하기 위하여 정보를 수집하던 여호수아와 모세의 후계자로서의 여호수아의 개인 역사를 검토하라. 출애굽 시대까지 거슬러 올라가라.

여호수아와 사사기를 공부하기 위하여 그룹을 넷으로 나눈 후 다음과 같이 지시하라. 그룹 1 : 여리고성 함락을 중점으로 한 첫째 날과 둘째 날의 성경 읽기; 그룹 2 : 세째 날. 드보라와 바락; 그룹 3 : 네째 날. 기드온; 그룹 4 : 다섯째 날. 삼손. 다음의 질문에 준하여 회원들이 읽은 성경 읽기의 내용과 노우트한 내용을 서로 나누도록 지시하라. 이스라엘 사람들의 신앙에 입각하여 이 사건이 어떻게 이해되어졌는가? 이 시점에서 하나님과 인간들이 지켜야 할 언약의 조건은 무엇이었는가? 하나님을 어떤 분으로 표현하였으며 자기들과 어떤 관계에 있는 분으로 생각하였는가?

사사들을 찾아내어 사사 각 개인에 대하여 이야기를 나누라. 다음과 같은 질문을 이용하라. 목적을 달성하기 위하여 하나님께서는 어떤 종류의 사람들을 들어 쓰시는가? 왜 하나님께서 이들을 지도자로 쓰셨다고 생각하는가?

여호수아와 사사기 전체를 통하여 흐르는 것은 순종과 불순종의 반복이다. 위의 책들을 공부한 것을 총괄하는 방법으로서 이에 적합한 이야기들을 예로 말하여 보라.

휴식 (10분)

말씀과의 만남 (25분)

성경구절 : 여호수아 24:1-28

한 사람으로 하여금 이 구절을 큰소리로 읽도록 하라. 이 구절은 하나님에 대하여 우리들에게 무엇을 말하여 주는가? 인간에 대하여 무엇을 말하여 주는가? 인간과 하나님의 관계에 대하여 무엇을 말하여 주는가?

제자의 표 (20분)

제자들은 성실하고 복종하는 지도자로서 방향의식과 목적의식을 제공하여 준다.

"제자의 표"와 관련하여 "인간의 상태"를 생각하면서 다음의 질문을 가지고 토의하라 : 오늘날의 정치적 무질서와 혼란, 그리고 순종과 불순종은 사사시대의 그것과 어떻게 비교되는가? "제자의 표"에 있는 몇 가지 질문을 가지고 전체 그룹에서 토의하라.

폐회기도 (10분)

9과를 열고 금주의 기도제목을 적어라. 기도로 폐회하라.

9 왕을 가진 백성

개회기도 (5분)

토의 시작 (20-25분)

이스라엘 사람들이 가나안 땅에 정착한 후 1세기 동안 그들은 지파들끼리 대충 동맹을 맺고 생존할 수 있었다. 이 기간동안 이스라엘 사람은 사사들로 알려진 군사 지도자들이 자원 병력을 이끌면서 적의 위협을 물리쳤다. 그러나 주전 12세기에 들어와서 해안 근변에 살던 블레셋 군대의 위협은 이스라엘 사람들을 질리게 만들었기 때문에 좀 더 강하고 확실하게 나라를 보호하기 원하였다.

사무엘상 8:5에 의하면 이스라엘 사람들은 다른 나라들과 같이 왕을 갖기를 원하였다 : 정치적으로나 군사적으로 안정을 가져올 수 있는 사람; 이스라엘의 지파들을 통합하여 효율적으로 블레셋 군을 물리칠 수 있는 사람을 갖기를 원하였다. 사무엘상하는 이스라엘의 초기 왕정 모습을 우리들에게 말하여 준다. 사울은 어떻게 왕으로 부름을 받게 되었고, 왜 사울이 실패하여 다윗에게 지게 되었는가를 말하여 주고 있다. 다윗왕은 이스라엘 지파들을 통합하여 블레셋 군을 물리칠 수 있는 강력한 정치 체제를 성취한 왕으로 이 두 책은 우리들에게 말하여 주고 있다. 그러나 통일된 이스라엘은 70년 동안만 지속되었다. 통일된 이스라엘은 다윗왕과 그의 아들 솔로몬왕 때만 가능하였다.

솔로몬왕이 죽자마자 통일된 왕국은 붕괴되기 시작하였다. 북쪽의 열 지파들은 다윗의 뒤를 이어 왕이 된 사람들과 관계를 절단하였는데 솔로몬이 그의 부와 권력을 과시하기 위하여 백성들에게 과중한 세금을 물게 하였고 강제 노동을 착취하였다는 이유 때문이었다. 북쪽의 지파들은 여로보암을 그들의 왕으로 선택하였으며 예루살렘 성전과 경쟁할 수 있는 성전들을 단과 벧엘에 건축하였다.

그래서 주전 922년 후에는 북왕국과 남왕국이 공존하게 되었다. 북왕국은 주전 722년 앗수르에 의하여 패망당할 때까지 독립국가로 지속하고 있었다. 남왕국은 주전 587년 바벨론에 의하여 성전이 파괴되고 지도자들이 바벨론으로 포로로 잡혀가게 될 때까지 다윗의 왕권을 유지하면서 지속하고 있었다.

포로생활로 인하여 국가적으로나 종교적으로 나라가 황폐되어 있었을 때 유다의 신학자들과 역사가들은 부분적인 정보와 이야기들을 수집하여 두 왕국의 역사를 기록하기 시작하였다. 그 역사가 바로 사무엘상하와 열왕기상하에 기록되어 있는 내용이다.

북왕국과 남왕국의 역사는 포로생활에 입각하여 쓰여진 역사이다. 그 역사는 첫 왕으로부터 마지막 왕에 이르기까지, 왕국의 시작으로부터 바벨론 포로생활의 참혹한 생활까지를 포함하고 있다. 사무엘상하와 열왕기상하의 사가들은 포로생활을 회상하며 포로생활의 관점에서 신학을 전개하기 위하여 자료들을 수집하였고 또 체계화시켰다. 그들은 왕정이 어떻게 종지부를 찍은 것을 알면서 왕정의 역사를 들여다 보았다. 그들은 큰 희망을 걸고 시작한 왕정이 왜 비극으로 끝나게 되었는가를 스스로에게 물으면서 역사를 쓰게 되었다.

왕정 하에서 생존하지 못하고 참패당한 이유의 내용이 이야기를 정리하는 데 큰 영향을 주었을지도 모르고 그들의 왕에 대한 이야기들을 우리에게 전하여 주었는지도 모른다. 그러나 그들의 왕을 개인적인 면에서나 정치적인 면에서 우상시하고 훌륭하게 나타내려고 하지 않았음이 분명하다. 그들의 왕들은 하나님이 정하여 준 수준 이하의 생활을 하였음이 분명하다.

고대 중동의 모든 나라들은 왕들을 초인간이나 혹은 신으로 보았다. 애굽에서는 바로를 신의 현현으로 보았으며 바벨론에서는 왕을 반신으로 보았다. 왕은 신의 사신으로 신과 인간을 중개하는 존재로 보았다. 그러나 이스라엘의 역사가들은 왕들을 완전한 인간으로 보았고, 죄를 지을 수 있는 존재로 보았고, 우리 모든 인간들과 같이 판단을 잘못할 수 있는 존재로 보았다. 이스라엘 역사에서 가장 이상적인 왕으로 추대 받은 다윗왕도 인격적인 면에서 오점이 있는 사람으로 기록되었다. 다른 왕들과 비교하여 가장 모범적인 왕으로 등장된 다윗왕까지도 현명하지 못한 왕으로 표현하였으며 그가 범한 죄의 결과로 온 국민이 심판을 받을 것이라고 하였다.

다윗은 통일된 국가의 수도로서 예루살렘을 선정하였으며 예루살렘은 과거의 어느 지파하고도 관련을 가진 도시가 아니었기 때문에 정치적인 면에서나 군사적인 면에서 현명한 전략가로 우리에게 소개되고 있다. 그러나 다윗은 밧세바와 음행을 범하였으며, 밧세바의 남편이 전쟁에서 전사하도록 음모를 꾸몄으며, 그의 장자 암논이 배다른 동생 다말을 강간하였을 때 처벌하기를 거절했하였으며, 그의 두 아들 압살롬과 아도니야가 나라 안에서 위력을 부리는 것을 허용하였다. 열왕기상 1:6에서 저자는 다윗이 아도니야에게 자녀교육을 시킨 적도 없고 그의 행동에 대한 책임을 추궁한 적도 없다고 기록하고 있다. 우리는 다윗의 아들 솔로몬을 흔히 지혜의 왕으로 또는 예루살렘에다 성전을 포함하여 왕궁을 건축한 왕으로 칭송하고 있지만 역사가들이 솔로몬에 대하여 우리들에게 처음으로 말하여 주는 것은 그가 권력을 확보하기 위하여 많은 사람들을 살해하였다는 이야기이다. 그리고 솔로몬에 대하여 우리에게 마지막으로 말하여 주는 것도 그가 우상을 섬겼으며 그의 많은 이방의 왕비와 후궁들이 우상을 숭배한 것에 대한 정죄의 이야기이다. 포로생활의 안경을 끼고 본 이스라엘의 역사는 다윗과 솔로몬의 통치를 뚜렷하게 보여 줄 수 있었다. 그들은 우리와 같이 타락할 수 있는 인간이었고 그들의 소명을 다 하는 과정에서 때로는 신실하기도 하였고 믿음이 없는 사람들처럼 행동하기도 하였다.　　　　　(Kathleen Farmer)

준비

사람들은 왜 왕을 원하였고, 하나님께서 그들에게 왕을 주셨을 때 무슨 일이 일어났는가에 중점을 두고 토의 시작을 하라.

정보

이스라엘 사람들은 정치적으로나 군사적으로 안정을 가져다 줄 수 있고 이스라엘의 지파들을 통합하여 블레셋을 물리칠 수 있는 왕을 원하였다.

사무엘상는 실패한 사울과 모든 지파를 통일시킨 다윗에 대하여 우리에게 말하여 준다.

솔로몬이 죽은 후에 통일되어 있던 왕국은 서로 적대시하는 북왕국과 남왕국으로 분열되었다. 북왕국은 주전 722년에 앗수르에게 망하였다. 남왕국은 주전 587년에 바벨론 사람들이 유다의 지도자들을 포로로 잡아갈 때까지 지속되었다.

포로생활을 하는 도중 유다의 신학자들과 역사가들은 우리가 알고 있는 사무엘상하와 열왕기상하의 역사를 쓰기 시작하였다. 이스라엘의 역사가들은 그들의 왕들이 인간이자 죄를 지을 수 있는 존재라고 표현한다.

대화

왕을 가진 백성들의 경험은 무엇이었나? 포로생활이 사무엘상하에 나타난 내용을 어떻게 영향을 주었다고 생각하나?

성경과 교재 (50분)

백성들이 왕을 요구하도록 이끈 사건들을 재검토함으로써 본과에 나오는 매력적인 인물들에 관하여 토의하도록 그 무대를 만들라. 이러한 백성의 요구가 결과적으로는 하나님이 이스라엘 백성의 통치자라는 이해에 어떠한 영향을 미치게 되었는가에 대하여 토의하라.

본과에 나오는 네 인물을 학생용 교재에 제시된 성구들과 정보를 사용하면서 한사람씩 찾아보라. 각 인물 속에서 그의 하나님을 섬기려는 욕망과 그 지위와 권력의 영향 간에 긴장이 있음을 볼 수 있다. 각 인물에 관한 토의가 끝나면 그 인물의 장점과 약점을 열거하여 보라.

토의 진행을 위하여 다음과 같이 질문하라. 성경에 나오는 사람들의 이러한 욕망과 약점과 같이 내가 가지고 있는 욕망과 약점은 무엇이 있는가? 또 유일신 하나님께 충성하려는 현대인들을 유혹하는 다른 신들은 무엇이라고 생각하는가?

만일 성경반 회원 가운데 솔로몬의 성전에 관한 보고를 준비한 사람이 있으면 보고하게 하라.

휴식 (10분)

말씀과의 만남 (25분)

성경구절 : 열왕기상 9:1-9

한 사람으로 하여금 이 구절을 큰소리로 읽도록 하라. 회원들로 하여금 이 구절에서 깨달은 점을 적게 하라. 개인적으로 다음의 세 가지 질문에 답하도록 하라. (1) 이 구절의 중심 사상은 무엇인가? (2) 오늘에 사는 우리들에게 이 구절은 무엇을 의미하는가? (3) 개인적으로 깨달은 점을 써라.

제자의 표 (20분)

제자들은 하나님을 잘 섬기는 지도자들을 존경하고 후원하지만 오로지 하나님께만 충성을 다한다.

이 부분에 있는 처음 세 가지 질문은 "인간의 상태"와 직접적인 관계가 있다. 질문들에 대답함으로써 문제의 실마리를 인간의 상태에서 찾아라.

폐회기도 (10분)

10과를 열고 금주의 기도제목을 적어라. 기도로 폐회하라.

10 백성을 경고하시는 하나님

토의 시작 (20-25분)

여러분은 열왕기상하에서 엘리야의 이야기들을 읽고 그가 어떠한 선지자였는지 대강 짐작하게 되었으리라고 믿는다. 몇년 전에 똑같은 부분을 공부하면서 나는 엘리야가 교회의 평신도들과 평신도 지도자들의 선교에 독특한 모델을 제공하고 있다는 결론에 도달한 적이 있었다.

혹시 이상하게 들릴지 모르나 엘리야는 아주 매력적인 인간은 아니었던 것 같다. 그는 때로 교만하고 권위주의적이며 몹시 냉소적인 성품을 가진 사람으로 나타난다. 엘리야에 관한 원전에 의하면 그는 성격이 강한 사람으로 나타나는데 해를 거듭하면서 다른 기사들이 추가되어 그의 모습이 다소 부드럽게 변색이 되었다.

그러나 그는 또 매우 숭앙받는 선지자로 나타나기도 한다. 그는 여러 번 왕 앞에서 크게 도전을 하였으며 전적으로 하나님의 말씀에 의존하였다.

엘리야는 그의 예언을 통하여 특별히 두 가지 중요한 문제에 대하여 언급한다. 그 두 가지는 이방신 숭배로 인한 야웨 예배의 타락과 사회불의이다. 이러한 문제와 직결되는 이야기들 가운데 두 가지만 예를 든다면 다음과 같다.

첫째는 열왕기 18의 두 제단에 관한 이야기이다.

엘리야는 아합왕에게 갈멜산에 사람들을 모으라고 요구한다. 엘리야가 문제시하고 있는 것은 사람들이 유일하신 참하나님 야웨를 경배하기 원하지만, 그들은 또 그 지방의 이방신들로부터 복받기를 원한다는 사실이다. 그들은 이방신을 섬기는 의식들을 받아들였으며 다른 신상들을 성전에 모셔 놓았다. 그러나 엘리야는 이 두 가지가 결코 나란히 병존할 수 없다고 하였다. 이제 그 사실을 사람들 앞에서 보여 줄 때가 왔다.

바알 선지자들을 향한 엘리야의 조롱은 익살스럽고 직선적이다. 엘리야는 바알 선지자들이 그들의 신을 부를 때 그가 어디에 있는가고 묻는다. "큰소리로 부르라 저는 신인즉 묵상하고 있는지 혹 잠간 나갔는지 혹 길을 행하는지 혹 잠이 들어서 깨워야 할 것인지 하매" (열왕기상 18:27).

만약 우리가 엘리야를 하나의 모델로 삼는다면 기독교 지도자들의 과업 중의 하나는 엘리야의 뜨거운 질문을 우리 자신과 우리의 자매와 형제들에게 돌려야 하는 것이다. 우리도 하나님과 현대생활의 작은 신들 곧 돈과 지위와 이미지와 거짓 안전들을 함께 경배하지 않는가?

우리는 이 이야기의 결론에 관하여 어떻게 생각하는가? 엘리야는 바알 선지자들을 모두 기손 시내로 데려다가 거기서 모두 죽여버린다. 이 기사를 읽고 난 나의 첫 반응은 그것을 계속되는 문제에 대한 원시적인 해결책으로 보고 그러한 방법을 수긍할 수 없다는 것이었다. 그러나 이러한 폭력이 사용된 것은 거짓신들과는 철두철미하게 단교하라는 하나님의 명령의 긴박성을 표현하기 위한 것이었음을 나는 깨닫게 되었다.

두번째는 열왕기상 21에 나오는 나봇의 포도원 이야기이다. 나는 이 이야기를 인접 부동산의 분규 이야기로 부른다. 이러한 일은 옛날 이야기가 아니라 오늘날에도 볼 수 있는 일이다. 즉 우리는 우리의 재산에 인접한 재산에 욕심을 부린다. 그러나 그것은 다른 사람에게 속하여 있기에 그 다른 사람을 제거할 때까지 그것을 내것으로 만들 수 없다. 이 경우 방법이란 모반이요 살인이다. 아니면 차압이거나 소송제기 등 여러 가지 다른 방법들이 있다.

고대 이스라엘 사람들에게 있어서 땅의 소유권이란 대단히 중요한 것이었는데 조상에게서 물려받은 그들의 재산은 단순한 소유가 아니라 한 개인의 신분을 상징하는 것이었다. 그것은 마치 대대로 내려오면서 같은 논밭을 경작하여 온 농부와 같다. 이 경우 남의 땅을 욕심낸 것은 아합이고, 나봇의 유산만이 아니라 그의 생명까지 빼앗아간 계획을 수립하고 수행한 것은 이세벨이다. 이세벨은 아합이 왕으로서 그가 원하는 것을 취하지 않는 것을 이해할 수 없다고 한다. 그래서 이세벨은 정의같은 것에 구애받지 않고 행동에 옮긴다. 그러나 우리는 이세벨만 책망할 수 없다. 아합은 그의 인을 찍어 공모에 가담하였으니 포탈행위와 살인행위는 그의 이름으로 이루어진 것이다.

하나님은 무서운 심판으로 그들을 응징하시기 위하여 엘리야를 아합에게 보내신다. 아합이 "나의 대적이여 네가 나를 찾았느냐"고 묻자 엘리야는 "내가 찾았노라"고 대답한다. 본래 원문은 여기서 그친다.

우리는 남의 것을 욕심내고 남의 것을 불법으로 취하는 적을 찾아 나설만큼 용감한가? 또 우리는 적이 바로 우리 가운데 있다고 고백할만큼 진실한가? 이 이야기가 우리 평신도들과 평신도 지도자들에게 주는 의미는 무엇인가?

엘리야는 왕족 앞에서 주저하거나 방황하지 않고 담대히 하여야 할 말을 전하였다. 그는 궁핍과 불의와 억압으로부터의 해방과 축복을 약한 자에게 선포하였다.

누가 선지자들을 교회의 두통거리, 기독교 평화의 파괴자, 만사에의 간섭자라고 말할 수 있는가?

우리는 그들의 병거를 타지는 못하지만 그들을 따라 띨 수 있다. 여호와의 능력과 손이 우리 위에 함께 하시면 우리는 진실할 수 있고 교회에서 단일한 여호와 제단을 쌓을 줄 안다.

(B. Davie Napier)

준비

내피어 박사가 두 가지의 상반되는 역할에다 자신들을 비추어 보라고 말하는 내용에 초점을 두고 이야기를 들으라고 말하라. 그것은 예언자 — 목사의 역할과 예언자 — 왕권의 역할이다.

정보

엘리야는 교회 평신도와 지도자들인 우리에게 목회의 한 모형을 제시한다.

엘리야는 이스라엘 백성에 대한 예언의 두 가지 중대한 문제들을 발표한다 : (1) 이교들의 우상승배로 인한 하나님 예배의 타락; (2) 사회적 불의이다.

두 개의 제단, 열왕기상 18
●백성들은 하나님을 예배하기 원하고 또 이방신도 섬기고 싶어한다.
●바알 선지자들의 몰살은 거짓 신들을 전부 철저하게 끊어버리라는 긴급한 명령을 강조하는 것이다.

나봇의 포도원 이야기는 우리가 어떻게 우리 이웃의 재산을 탐내는가를 말하여 주는 것이다 (열왕기상 21).
●고대 이스라엘에서 재산은 그 개인의 소유물일 뿐만 아니라 그 개인의 신분과 같았다.
●이세벨은 직접 행동에 옮겼고 아합은 그것을 시인하였다. 아언자 — 목사의 역할은 교회내에서 단일제단을 쌓도록 하는 일이다.

대화

우상승배로 인하여 하나님께 드려야 할 참 예배를 드리지 못하고 사회불의를 일으키는 사람들을 향하여 예언자들이 아직도 부르짖어야 할 내용은 무엇인가?

성경과 교재 (50분)

본과의 연구를 위한 배경으로서는 다음 두 가지의 정보가 중요하다 : (1) 예언자들이란 어떤 사람들이었으며, 그들이 하나님과 어떻게 관계를 맺고 그들의 메시지는 무엇이었는가를 이해하는 것과 (2) 본과에서 취급된 사건들과 예언자들의 시대이다.

세 사람씩 그룹을 만들어 제시된 성경을 가지고 다음의 질문들을 중심으로 하여 토론하게 하라 : 이 인용절에서 소개된 선지자는 누구인가? 선지자의 예언에 대한 불순종의 내용은 무엇인가? 그 선지자는 무슨 경고를 하는가? 백성들의 반응은? 회원들로 하여금 자기들이 얻은 정보와 매일의 성경 읽기를 통하여 생긴 질문들을 자기의 그룹토의에 내어 놓게 하라.

경고를 듣지 않으려는 경향은 공부하고 있는 예언자 시대에만 있었던 일이 아니다. 그룹이 교재 10과에 있는 질문에 대답할 때에 그 시대와 오늘날 사이에 공통점을 찾아내어 토의하게 하라.

휴식 (10분)

말씀과의 만남 (20분)

성경구절 : 열왕기상 19:1-18

열왕기상 19:1-18을 큰소리로 읽어라. 이 이야기의 상황과 등장 인물들과 이야기의 흐름을 이야기하라. 그런 후에 엘리야가 무엇을 생각하였고, 어떻게 느꼈으며, 하나님에 대하여 무엇을 생각하고 있었는지 상상하여 보라고 인도하라. 위의 질문들을 하나씩 한 후 생각할 수 있는 시간을 주라. 체험한 내용을 서로 나누도록 도와 주라.

제자의 표 (20분)

제자들은 지역사회를 위하여, 교회와 민족과 세계를 향하여 외치는 예언자의 소리를 듣고 인정할 뿐만 아니라 때때로 스스로 예언자가 된다.

"인간의 상태"를 읽고 그것이 개인의 경험에 입각하여 볼 때에 정확한 대답인가 아닌가를 이야기하라. 그런 후 다음 질문을 토의하라 : 왜 우리는 모든 경고를 듣기 싫어하는가?

대부분의 사람들은 자신을 예언자라고 생각하지 않기 때문에 성경반 회원들이 이 부분의 마지막 질문을 공개적으로 대답하기를 꺼려할지도 모른다. 회원들로 하여금 자기가 쓴 것을 자원하여서 이야기하게 하라.

폐회기도 (10분)

11과를 열고 금주의 기도제목을 적어라. 기도로 폐회하라.

11 백성을 징벌하시는 하나님

개회기도 (5분)

토의 시작 (20-25분)

예레미야의 예언활동은 요시야왕 통치기간에 시작된다. 이 당시 앗수르는 패망의 길을 가고 있었고 요시야왕은 극적인 종교개혁을 단행할 기회를 가진다. 백성들은 퇴색된 예루살렘 성전을 복구하고 장식하기 시작한다. 이들은 복구작업중 율법서 — 아마 신명기의 원전 — 를 발견한다. 이 율법서에 열거된 고대의식에 더 가깝도록 종교의식의 변화를 가져온다. 우상숭배와 이방신 숭배의 요소들은 제거된다.

이러한 개혁의 와중에서 예레미야는 하나님의 부르심을 받아 그의 고향 아나돗에서 수도 예루살렘으로 옮겨간다. 그는 전에 있던 선지자들처럼 열정적인 사람이었고 특히 인간관계에 있어서 열정적인 사람이었다. 그는 친구들 사이에 있기를 좋아하고 남으로부터 인정받기를 원하였다. 그렇기에 그는 우리에게 친근감을 준다. 우리도 예레미야처럼 우리의 소리가 들려지기를 바라고 수락받고 사랑받기를 원한다. 우리도 예레미야처럼 남을 즐겁게 해 줄 수 있는 말을 하기 원한다. 예레미야가 처음에는 요시야의 종교개혁을 후원하였으나 후에 실망하게 된 것을 우리는 안다.

요시야왕이 죽자 사태가 악화되기 시작하였다. 정치적인 음모의 결과 예레미야의 지지를 받지 못하는 사람이 왕위에 오르게 된다. 항상 어려운 가운데서 고난을 받는 예레미야는 한때 생명의 위협을 당한다. 예레미야가 하나님께 불평을 토할 때 그가 받은 응답은 "네가 아직 정작 어려움을 보지 못하였도다"는 것이었다.

우리도 다른 사람들과 같이 성공하였다고 하는 사람들에 의하여 고안된 도구에 의하여 우리의 성공도 측정되기를 바란다. 우리는 권력자들의 회합에 낄 수 있기를 원한다. 우리는 성공과 안전을 얻기 위하여 필요한 게임을 할 줄 알며 책략을 꾸밀 줄 안다. 우리는 때로 학교나 친구나 직업이나 배우자까지도 그들의 값어치를 계산하고서 선택한다.

우리는 특권의 자리에 오르는 길을 알고 게임을 한다. 아나돗에서 예루살렘의 정상에 도달하는 길을 안다. 우리는 누가 경기의 규칙을 만들며 그들이 어떻게 왜, 어디에 모이는지도 안다. 우리는 예루살렘의 권력구조 내부에 들어갈 수 있는 길을 알며 그 길을 취하고자 한다.

예레미야도 왕궁으로 향한 길을 알며 조용히 그 길을 취힐 수도 있었다.

그러나 그의 뼈와 가슴속에는 뜨거운 불이 타고 있기에 입을 열 때마다 "망하리로다, 죽을지어다"라는 소리를 외치게

된다. 그는 돌처럼 잠잠할 수 있으나 그의 가슴속에는 뼛속에는 불이 일어나고 있다.

주전 598년에 예루살렘은 바벨론에 의하여 점령당한다. 왕은 항복하고 꼭둑각시처럼 약한 왕이 왕관을 쓰게 된다. 도시는 10년 동안 명맥을 유지한다. 그러나 예레미야는 하나님의 말씀과 심판으로 뼛속에 불타 침묵을 지키지 못한다. 예루살렘이 한가닥 실에 매달려 있는데 그의 멸망을 외치고 있는 예레미야를 상상하여 보라. 결국 예레미야는 매를 맞고 옥에 갇히게 된다.

유다의 파멸이 닥쳐올 때에 예레미야는 백성들이 듣기 원하지 않는 예언을 함으로써 다시 고통을 당한다. 그는 이 땅에 남아 있으라고 외친다. 유다가 바벨론에 함락되는 마지막 순간에 예레미야는 그의 고향 가까운 곳에 포도원을 구입한다. 이 얼마나 모순된 행위인가. 이는 마치 원자탄의 발사를 공포하고 나아가 그 자리에 집을 사는 자와 같다. 예레미야는 다른 사람들이 볼 수 없던 한가닥의 희망을 보고 있었던 것 같다.

만약 우리가 예레미야가 들은 것을 들을 수 있고, 하나님의 말씀이 실제로 들려온다면 우리는 무엇을 들을 수 있을까? 우리의 지식구조에 하나님의 말씀이 노출된다면 그리고 그것이 우리 양심을 가두어 놓고 있는 두꺼운 표피를 뚫고 침투된다면 하나님의 말씀은 이 시대의 예레미야들에게 무엇이라고 들려질까?

(B. Davie Napier)

준비

내피어 박사는 두 가지 관점을 강조한다. 예레미야와 그의 예언자로서의 역할에 대한 공부와 또 그가 전파하는 말씀과 더불어 예레미야의 존재에 관하여서이다.

정보

예레미야는 요시야왕 시대에 소명을 받았다.

요시야왕 치하에서의 종교개혁 :
● 성전의 회복과 재단장
● 율법서의 발견 (현재 우리가 사용하는 구약성경의 신명기)
● 율법서에 명시된 종교적인 의식들

예레미야는 백성들이 그의 말을 듣고, 받아들이며, 그를 사랑하기를 바랐으나 하나님의 심판과 징벌의 말씀을 선포하기에 이르렀다.

예루살렘이 포위되었을 때에 예레미야는 포도원을 삼으로써 희망을 증거하였다.

대화

선포하라고 부름받은 예레미야의 말씀은 무엇이었나? 어떠한 개혁이 필요하였나? 예레미야의 입장에 처한다는 것이 어떠하였으리라고 생각하는가?

성경과 교재 (50분)

성경에 있는 상황을 알기 위하여 열왕기하 17—25에 있는 중요사건들을 함께 열거하라. 노우트를 사용하고 또 각 장을 다시 훑어봄으로써 필요한 정보를 빨리 얻을 수 있을 것이다. 여기에 강조하는 것은 그들을 멸망과 포로에로 이끌었던 백성들의 태도와 행위를 보여 주자는 것이다. 11과에 있는 도형을 보면 사건들과 그 결과를 연상하게 되고, 11과에 있는 지도를 보면 북왕국과 남왕국이 관계된 사건들의 장소를 아는데 도움이 될 것이다.

이러한 배경에도 불구하고 다가오는 심판에 대한 하나님의 경고의 말씀을 전하여야만 하였던 예언자들의 어려움을 생각하여 보라. 동시에 예언자들에게는 백성들에게 줄 희망의 메시지가 있었다. 회원들로 하여금 먼저 그들 자신을 예언자의 위치에, 다음에는 예언자들의 말씀을 들었던 백성의 위치에다 놓아보게 하라. 지정된 성경에서 다섯이나 여섯 가지의 경고와 또 대여섯 개의 희망의 구절들을 찾아보라. 이 두 가지의 구절들을 서로 번갈아 크게 소리내어 읽어라. 그룹 1은 경고를 읽고 이에 응답하여 그룹 2가 희망의 구절을 읽는다. 낭독이 끝나면 그들이 경고와 희망의 말씀을 각각 읽고 들으면서 무엇을 느꼈는가 서로 이야기하도록 하라.

회원들 가운데 "추가연구"의 지시대로 연구조사한 사람이 있으면 포로되었던 유대인에 관한 보고를 들을 수 있을 것이다.

휴식 (10분)

말씀과의 만남 (25분)

성경구절 : 예레미야 24

그룹을 세개 내지 네 그룹으로 나눈 후 예레미야 24를 조용히 읽도록 하라. 다음과 같은 질문을 하라 : 예레미야가 쓰여진 당시의 독자들을 위하여 하나님께서 하시고자 하시는 말씀은 무엇인가? 오늘날의 교회를 향하여 예레미야서가 주는 교훈은 무엇일까? 이 말씀을 신중하게 받아들인다면 내가 변화되어야 할 내용은 무엇일까?

제자의 표 (20분)

제자들은 죄의 결과를 겸손히 받아들이고, 용서를 빌고, 치유와 새로운 헌신의 기회를 찾는다.

"인간의 상태"를 큰소리로 읽어라. 회원들에게 위의 설명 중 어느 부분이건 자기의 경험 중에서 사실이 아닌 부분을 찾아내게 하라. 또 자기에게 진실이 되기 위하여 그 설명에다 더하여야 할 것이 무엇인가 물어보라. 그런 후에 짝지어 교재에 있는 첫 두 가지 질문에 대답하게 하라. 전체 그룹에서 마지막 두 가지 질문을 토의하라.

폐회기도 (10분)

12과를 열고 금주의 기도제목을 적어라. 기도로 폐회하라.

12 백성을 회복시키시는 하나님

토의 시작 (20-25분)

구약이 형성되도록 큰 영향을 준 중심사건은 주전 587년에 생긴 사건이다. 주전 587년에 바벨론이 예루살렘을 점령하였고, 도시를 불살랐고, 성전을 파괴하였고, 왕이 포로로 잡혀 갔고, 나라의 대부분의 지도자들이 포로로 잡혀 갔다. 그 사건은 정치와 경제의 체제를 흔들어 놓았고 혼돈을 가져왔다. 그러나 그 당시 유대인에게는 정치와 경제보다 더 중요한 과제가 신학적인 비상사태였다. 그 이유는 그들의 모든 의미 구조가 파괴되어서 신앙에 대하여 다시 질문을 던져야 하였기 때문이다. 그들은 한편으로 그들이 실패한 원인을 물으면서 하나님께 불복종한 것이 원인이었다는 확신을 얻게 되었고, 또 다른 한편으로는 하나님에 대하여 질문을 던지기도 하였다. 그들은 하나님의 능력에 대하여 질문을 하면서 하나님께서는 진정으로 저희들을 구원하실 수 있는 분인지 아닌지에 대하여 묻게 되었다. 그들은 하나님의 성실성에 대하여 물었고, 하나님께서 아직도 그들을 기억하고 계신지에 대하여 물었고, 하나님께서 혹시나 그들을 깜박 잊지 않으셨는가에 대하여 물었다. 이러한 위기의 시기에 처한 그들이 하나님을 신임할 수 있는지 없는지에 대하여 질문을 던지게 되었다.

우리들의 생각으로는 이러한 처지에 놓여 있던 이스라엘 사람들이 절망감과, 패배감과, 포기 상태에 있었으리라고 생각하는 것이 상례일 것이다. 그러나 구약이 우리를 특별히 놀라게 하여 주는 것은 신학의 비상 사태가 이스라엘 사람들을 절망으로 인도한 것이 아니라 상상력이 풍부하고 예술적인 놀라운 작품들을 만들어내는 데로 인도하였다는 사실이다. 구약에서 중요한 문헌들은 바로 이러한 위기의 사건에 대한 답변으로 생겨나게 된 것들이다. 이러한 작품을 만들어낸 신앙인들에게는 그들에게 주어진 역사적인 사실을 초월할 수 있는 큰 용기가 필요하였음이 분명하다. 유대인들은 희망을 가진 사람들이었음이 분명하고, 하나님을 희망의 하나님으로 믿었음이 분명하고, 이러한 역사적인 증거물을 초월할 수 있는 하나님의 약속을 굳게 믿었음이 분명하다. 구약이 고대인이나 현대인에게 한 가지 크게 공헌하여 준 사실을 들라면 그것은 유대인들이 희망을 안고 산 사람들이었다는 사실이다. 고대의 전통을 다 연구하여 보아도 구약만큼 희망을 보여 준 전통은 찾아보기가 힘들다.

포로생활의 위기에 대하여 답변하는 세 가지 신학적 반응을 고찰하여 보고자 한다. 이 세 그룹의 반응 중에 가장 흥미롭고 중요한 반응은 예레미야서이다. 예레미야는 이스라엘을 향하여 가장 신랄하게 말한 시인이다. 예레미야는 유대인들이 실패한 원인과 하나님께서는 왜 그들을 흐트러뜨리고 뽑아 내야만 하였는가를 언급하기 위하여 특별한 이미지와 문제성이 있는 은유(metaphor)들을 사용하였다. 이러한 예언의 내용이 예레미야서 30—31까지 반복되고 있다. 예레미야 30—31은 너무나 다른 내용이기 때문에 마음으로 미처 준비가 되어 있기 전에 이 두 장을 대하게 된다. 하나님께서는 곡식을 심고 집을 지으라 하셨다고 예레미야는 예언활동을 하고 있다. 예레미야 31:31, 34은 잘 알려진 구절인데 하나님께서 "내가 이스라엘 집과 유다 집에 새 언약을 세우리라…… 다시는 그 죄를 기억하지 아니하리라"고 말씀하셨다. 기독교인들은 유대인들이 옛 언약의 사람들이고 그들은 새 언약의 사람들이라고 이 구절을 잘못 이해하는 경향이 있었다. 유대인과 기독교인을 그렇게 비교한다는 자체가 잘못된 해석이다. 유대인이나 기독교인은 모두가 옛 언약을 어겼고 신실하신 하나님께서는 유대인이나 기독교인 모두에게 새 언약을 마련하여 주셨다는 것이 바른 해석이다. 포로생활로 인하여 낙심되어 있는 사람들은 유대인이든 기독교인이든 누구든지 용서하시는 하나님의 능력 안에서 토라(율법)에 복종하면서 새롭게 출발할 수 있다.

두번째 반응은 에스겔서에 있다. 예레미야서와 같이 에스겔서에도 죄책감의 내용과 정죄하는 내용이 많이 나타나 있다. 그러나 에스겔 37에 있는 마른 뼈 골짜기의 이미지는 포로의 죽음에서 해방되는 즉 희망의 약속을 말하는 부활에 대한 은유가 적혀 있다. 기독교인들에게는 부활의 사건이 바로 포로생활의 종말을 말하여 주는 것이다.

세번째 반응은 이사야 40—55에 있다. 이 장들은 우리에게 익숙하여져 있는데 헨델이 메시야 곡을 작곡하였을 때 모든 내용을 이 이사야서에서 인용하였기 때문이다. 이사야 40은 "너희는 위로하라 내 백성을 위로하라…… 그 복역의 때가 끝났고 그 죄악의 사함을 입었느니라"(40:1-2)는 잘 알려진 구절이 있다. 그러므로 희망에 찬 약속은 그들이 안전하여질 것이며, 존엄을 얻게 될 것이며, 예루살렘과 시온이 복락을 누리게 되리라는 것이다. 이사야서에서 가장 흥미롭고, 어렵고, 중요한 장은 53장이다. "그가 찔림은 우리의 허물을 인함이요 그가 상함은 우리의 죄악을 인함이라"(53:5)는 잘 알려진 구절이 있는데 이 종이 누구였는지 불분명하다. 물론 기독교인들은 이 종이 예수였다고 말한다. 그러나 이사야 53에 관한 가장 흥미로운 사실은 다른 사람들이 당하는 고통으로 인하여 사람들이 치유를 경험할 수 있다는 이사야서의 선포이다. 그래서 포로생활을 하고 있는 사람들을 위한 이사야서의 기쁜 소식은 모든 사람들이 그들의 고국 땅에서 새롭게 출발할 수 있도록 하나님께서 그들을 위하여 고난받을 사람을 마련하여 주실 것이라는 소식이다.

이 세 책을 통하여 제기된 포로생활이 가져다 주는 문제에 대한 놀랍고도 용감한 답변을 생각할 때, 이 답변들이 우리 삶에 어떻게 영향을 미치고 있는지 생각하여 볼 필요가 있다. 내가 믿기에는 포로생활의 체험과 생활수단의 변화는 백인 남성 우월주의와 서구문화가 지배하던 특혜가 상실되었다는 사실이다. 하나님께서 이러한 생활양태를 제거하셨다고 나는 믿는다. 그러므로 하나님은 아직도 신실하신가? 하나님은 아직도 강하신가? 하나님을 아직도 신뢰할 수 있는가? 의 질문들이 우리 주변에서 사라지게 되었다. 우리들이 어려운 과제를 놓고 신학학적으로 숙고할 때, 이 책들은 아주 좋은 자료가 될 것이다.   (Walter Brueggemann)

준비
포로생활의 결과와 포로생활의 위기에 대한 세 가지 성서적인 답변을 생각하라.

정보
구약의 중심 사건은 주전 587년에 일어난 사건이다. 예루살렘이 불탔고, 성전이 파괴되었고, 지도자들이 바벨론에 포로로 잡혀 갔다.

유대인들은 신학적으로 비상 사태에 당면하게 되었다.

그들은 그들이 하나님께 순종하지 않았기 때문에 생겼다고 확신한 이 사건에 대하여 질문을 하여야만 하였다.

더 중요한 질문은 "이러한 위기에 처한 그들이 하나님을 신임할 수 있느냐?"였다.

이 유대인들은 하나님께 희망을 걸 수 있었다.

포로생활의 위기에 세 가지 답변이 있었다 :

● 예레미야 : 유대인이나 기독교인 모두가 옛 언약을 어겼다. 하나님께서는 그를 믿는 모든 사람들에게 새 언약을 준비하여 주셨다.

● 에스겔 : 에스겔서에 있는 마른 뼈 골짜기는 포로의 죽음에서 해방되어 귀향하는 이야기이다. 에스겔은 귀향의 약속을 이야기하기 위하여 부활의 은유를 사용한다.

● 이사야 40—55 : 다른 사람들의 고통으로 인하여 사람들이 치유를 얻을 수 있다고 이사야서는 말한다.

대화
주전 587년 유대 사람들의 처지는 어떠하였는가? 포로생활의 위기에 답변하는 세 반응에 대하여 어떻게 생각하는가?

성경과 교재 (50분)
본과의 주제는 위로이다. 위로라는 단어를 연구조사한 회원의 내용을 서로 나누어라. "성경의 가르침"에서 위로를 어떻게 설명하고 있는지 서로 나누어라.

본과의 "성경 읽기"에는 이스라엘의 회복을 말하여 주는 은혜스러운 말씀들이 있다. 회원들을 소그룹으로 만든 후 매일 읽은 성경구절에서 회복하는 모습이 담겨져 있는 말들을 찾아보도록 하라. 이스라엘 사람들에게 위로의 말씀이 되었던 것을 실감하기 위하여 전체 그룹에서 발표하게 하라.

휴식 (10분)

말씀과의 만남 (25분)
성경구절 : 이사야 45:1-13

회원들 전원이 한 목소리로 이 구절을 읽어라. 이 구절은 하나님에 대하여 우리들에게 무엇을 말하여 주는가? 인간에 대하여 무엇을 말하여 주는가? 인간과 하나님과의 관계에 대하여 무엇을 말하여 주는가?

제자의 표 (20분)
제자들은 죄의 결과로 고난을 당할 때 절망하지 않고 봉사할 것을 다짐한다.

회원들에게 "인간의 상태"를 조용히 읽도록 지시하라. 그런 후에 회원들로 하여금 자원해서 그들이 한 때 절망과 창조적인 봉사 사이에서 선택할 수밖에 없었던 경험담을 한두 문장으로 회상하게 하고 또 그들의 선택에 대하여 설명할 기회를 주라. "제자의 표"에 있는 질문에 답한 내용을 나누기 원하는 회원에게 그 내용을 나누도록 도와 주라.

에스겔의 이야기와 바퀴의 이야기에서 그의 하나님 이해가 상당히 확대되었음을 알게 된다. 또 회원들이 팀으로 나누어 성경에서 하나님에 관한 이해를 증대시켜 준 사건들을 회상하여 보도록 하라.

폐회기도 (10분)
13과를 열고 금주의 기도제목을 적어라. 기도로 폐회하라.

13 마음의 노래들

토의 시작 (20-25분)

시편은 고대 이스라엘의 보고(寶庫)이다. 시편은 고대 이스라엘 민족의 생활 속에서 실제로 불려졌던 찬송들이요 기도였다. 시편에는 여러 가지 간구와 고백, 개인 또는 공동체가 어려움을 당할 때 하나님께서 도움을 주는 기도문이 실려 있다.

시편에는 전쟁에서의 승리와 기근에서의 해방을 감사하기 위하여 사용되어졌던 감사를 성가대와 백성들이 노래로 부르던 찬송으로 가득하다. 그러나 시편은 후기에 필요에 따라 계속하여 사용되었다.

시편은 본보기 기도문으로 항상 사용되어질 수 없다. 어떤 시편은 필요시에 도움을 청하는 기도요, 고백에 적합한 것이 될 수 있으며, 또는 창조주 하나님을 찬양하는 시이기도 하다. 그러나 대적자에 대한 복수를 위한 기도문들은 원한과 증오로 가득차 있다. 이들은 기도의 본보기로 쓰여진 것이 아니요 단순히 백성들이 느끼던 것을 기도로 표현한 것이다.

시편의 저자는 누구인가?

다윗은 분명히 노래를 즐겼으며 시와 곡조를 작사작곡할 수 있었으니 시편의 일부를 만들었을 것이다. 그러나 "다윗의 시"라고 불리운 시들 중에는 후기 시인들이 다윗에게 바친 것이 있다. 그리고 어떤 시의 모음은 레위족 성전성가대, 고라의 아들들, 아삽족속 등에서 온 것이기도 하였다.

그러나 여러 세기에 걸쳐 수집된 이 시편을 이스라엘 사람들은 노래로 불렀으며, 물론 오랜 시간이 흐르면서 수정되어 이스라엘 백성의 것이 되었다. 이들은 하나님의 백성의 시편이다.

시편은 여러 가지 가치를 가지고 있다. 우리는 교회 예배에서 그들을 교독문으로 사용하면서 고백과 찬양과 감사의 표현으로 삼는다. 그러나 이밖에도 시편은 특별한 사용가치가 있는데 그중 몇 가지를 든다면 : 우리의 두려움과 우리의 좌절감과 생의 어두운 면에 대한 느낌을 표현할 수 있도록 우리를 도와 준다. 시편 90은 많은 경우에 장례식에서 사용되는데 그것은 인생의 무상함을 적절히 그린 시이다. 시편 90은 또 하나님으로부터의 도움을 청한다. 인생의 의미와 하나님의 목적과 인간의 목적이 반드시 있음을 우리로 하여금 볼 수 있도록 도와 주기도 한다. 우리가 초조하여 하고 우울하여 할 때 우리를 위로하고 격려하여 주기도 한다. 백성들로 하여금 하나님이 그들을 도와 주지 않는다고 하나님을 향하여 그들의 분노를 터뜨릴 수 있게 하여 준다. 하나님의 더할 수 없는 친근감을 표현하고 그것이 우리의 기쁨이 됨을 표현한다.

시편에도 신학이 있는가? 대답은 예이다.

그러나 그것은 조직화된 신학이 아니다. 시편은 신학의 중요한 자원이 된다. 시편에 나타난 하나님은 역사를 인도하시는 하나님, 창조주와 생의 보존자가 되는 하나님, 죄를 사하여 주시는 하나님, 만국을 의로 심판하시는 재판관이 되시는 하나님, 결코 우리를 내버려 두고 떠나지 않으시는 하늘의 하나님, 그의 임재만으로서 우리의 심령의 갈증을 채워 줄 수 있는 보물로서의 하나님이시다.

시편을 어떻게 읽고 연구하면 좋을까?

여러 가지 번역판을 사용하고 주석책을 보면서 중요한 것은 노우트하라. 시편을 읽고 명상하고 성령의 인도하심을 좇아라. 소리를 내어 읽고 어떤 시편은 암기하라.

시편 연구에서 얻을 수 있는 것들은 무엇인가?

시편 연구에 의하여 우리가 얻을 수 있는 것은 여러 가지이지만 그 중 특별한 것 한 가지를 든다면 우리가 시편을 읽을 때 우리는 유대인 공동체와 더불어 기도를 드린다는 사실이다. 이것은 대단히 중요한 것이다. 함께 기도하는 사람들은 서로의 삶을 깊이 나누게 된다. 유대인과 기독교인들은 서로를 필요로 하며, 서로 더욱 가까워지기 위하여 시편을 사용하여야 한다.

시편 공부를 통하여 시편 속에 반영된 여러분 자신의 마음을 발견할 수 있게 되기를 바란다. 만일 그렇게 된다면 여러분은 영감과 능력과 소망과 깊은 영적 실체의 근원이 되는 생물을 소유하게 된다.

(Walter J. Harrelson)

준비

시편에 관한 해럴선 박사의 글은 시편이 우리에게 주려고 하는 것을 발견하게 하고 시편을 사용하는 방법을 가르쳐 준다.

정보

시편은 고대 이스라엘 백성이 드린 사실상의 기도요 그들이 노래한 찬송이다.

시편은 모든 것이 다 기도의 모범이 아니다.

어떤 시편들은 보복을 위한 기도들이다. 보복적인 시편은 우리가 하나님께 아뢰고 싶었던 우리의 솔직한 감정의 표현일지도 모른다.

어떤 시편들은 아마 다윗이 썼을 것이다.

시편은 다음과 같은 이유로 하나님의 백성들에게 가치가 있다 :

● 고백, 찬양, 감사를 위하여
● 우리의 두려움과 좌절감을 표현하기 위하여

●위로와 위안을 위하여
●우리를 도와 주지 않음을 인하여 하나님께 우리의 분노를 표현하기 위하여
●하나님이 우리에게 가까이 계심을 표현하기 위하여
●유대인과 기독교인들이 시편을 공유하고 있기 때문에 그들을 한데 묶기 위하여
시편은 신학을 위한 중요한 자료이다.
시편을 읽고 연구하는 방법들 :
●몇 가지 다른 번역을 사용하라.
●주석을 보면서 읽어라.
●읽고 깊이 생각하라.
●암기하라.

대화
왜 사람들은 종종 시편을 참고하는가?
시편을 사용할 수 있는 방법에는 어떠한 것들이 있는가?

성경과 교재 (50분)
하나님이 우리를 속속들이 알고 계시다는 사실을 지적하기 위하여 통성으로 시편 139을 읽어라.
제시된 성경과 매일의 기록에서 회원들이 시편을 읽으면서 느낀 점과 하나님이 누구시며 그들이 하나님과 어떤 관계에 있는가에 대한 통찰을 토의하게 하라.
세 사람씩 그룹을 만들고 교재에 있는 질문에 대한 그들의 대답을 가지고 토의하게 하라.
시편을 읽고 공부하는 즐거움의 하나는 우리가 그 시들을 읽을 때 우리 자신과 우리의 인간성을 들여다보게 하여 주기 때문이다. 성경반 회원 각자가 자기에게 감명을 주는 시편을 하나씩 골라서 회원들 앞에서 크게 읽도록 하라. 이때 그 중에

는 자기가 왜 그 시편을 선택하였는가를 이야기하고 싶어하는 이도 있겠고 또 원하지 않는 이도 있을 것이다.
시편을 함께 즐기는 다른 방법으로서 그룹 전체가 시편을 암송한다거나 시편에 기초한 찬송을 부르는 방법이 있다. 그룹이 함께 암송하기 좋아하는 시편이나 시편의 한 부분을 함께 선택하라. 그것을 외기 전에 그 시가 무슨 말인지, 무슨 의미인지, 인간의 감정을 어떻게 반영하는지 등에 대하여 이야기를 먼저 나누라. 시편에 기초한 찬송가들이 "추가연구"에 제시되어 있다. 관련된 시편을 비교하여 보라.

휴식 (10분)

말씀과의 만남 (25분)
성경구절 : 시편 22
회원들로 하여금 시편 22을 조용히 읽도록 하라. 시편 22은 하나님에 대하여 우리들에게 무엇을 말하여 주고 있는가? 신약성경에서는 이 시편을 어떻게 소개하고 있는가?

제자의 표 (20분)
제자들은 생각과 느낌을 통하여 하나님을 신뢰한다. "인간의 상태"는 우리가 우리 자신에 관하여 잘 알고 있다는 사실을 말하여 준다. 요절은 하나님이 우리에 관하여 모두 알고 계시다는 사실을 말하여 준다. 그러면 우리가 어떻게 본과의 "제자의 표"를 성취할 수 있겠는가? 우리는 왜 하나님께 향한 분노라든가 부정적인 감정을 표현하는 일에 주저하거나 불편을 느끼는가?

폐회기도 (10분)
14과를 열고 금주의 기도제목을 적어라. 기도로 폐회하라.

14 시냇가에 심은 나무와 같은 의인

개회기도 (5분)

토의 시작 (20-25분)

바벨론 포로로부터의 귀환은 약속된 가나안 땅의 진입과 흡사하다. 이스라엘 백성은 애굽과 광야로부터 오는 대신 바벨론 포로생활로부터 돌아온다.

우리는 다시 한 번 구원자로서의 하나님을 본다. 다시 한 번 하나님은 그의 택하신 백성을 거룩한 땅에 정착시키기 위하여 놀라운 방법을 사용하신다. 그러나 이번에는 성전의 재건과 예배의 순수성을 중심으로 하여 이루어진다. 그리고 그들의 귀환은 역사적인 언약 공동체의 재편성을 가져온다. 바벨론의 포로생활을 통한 겸손은 유대인들의 운명이 지리정치적인 데 있는 것이 아니라 종교적인 데 있었음을 가르쳐 주었다. 즉 신명기의 서약을 갱신하는 데 있었다. 율법의 근본은 소위 "쉐마"에 집약된다. 그것은 "이스라엘아 들으라 우리 하나님 여호와는 오직 하나인 여호와시니 너는 마음을 다하고 성품을 다하고 힘을 다하여 네 하나님 여호와를 사랑하라" (신명기 6: 4-5)함에 있다.

여기서 중요한 것은 그의 백성을 정복자의 위치로 인도하는 하나님이 아니라 증거자의 위치로, 즉 하나님과 인간간의 언약관계의 증인으로 인도하시고 그리고 왕이 아니라 하나님이 지배하시는 평화의 왕국으로 인도하시는 하나님의 모습이다. 예루살렘으로의 귀환 이야기의 주제는 하나님의 백성은 그들의 삶 속에서 하나님의 뜻과 의를 나타내고 또 반불모지의 수평선에 우뚝 선 나무와 같음을 보여 주려는 데 있다. 나무는 생명체의 상징이다. 즉 나무는 땅 속 깊은 곳에 있는 물에서 그의 생명과 힘을 빨아들인다. 이러한 의미에서 나무는 우리의 도움이 어디로부터 오는 것인지 유대인들과 우리들에게 상기시켜 준다. 우리의 도움은 하나님으로부터 온다.

이스라엘 민족의 귀환은 또 에스라 - 느헤미야 시대의 언약에 대한 이해를 분명히 볼 수 있게 하여 준다. 포로에서 돌아온 선지자들은 타민족과의 합혼을 반대한다. 우리는 솔로몬왕의 권력과 사치에 대한 지나친 욕망을 기억하며, 또 소위 일천궁녀와 첩을 거느리고 살던 그의 호화로움을 기억한다. 에스라 - 느헤미야의 종교개혁은 타민족과의 결혼을 언약의 왜곡으로 보았다. 이것은 민족간의 편견 이상의 의미를 지닌다. 그 당시 어머니는 자녀들의 삶에 지대한 종교적 영향력을 미치는 존재였다. 유대교 신앙 밖에 있는 여인은 다른 종교들을 가정에 끌어들였고, 이로 인하여 종교산의 충돌 을 가져 왔다. 유대인들은 유일신을 믿었는데 그것은 기호만의 일이 아니라 확신 속에서 나오는 것이었다. 이방인들은 다신교를 믿었다. 그러나 이스라엘 민족이 받은 십계명 중 첫째 계명은 다신숭배를 금한다. 인류역사를 통하여 지금까지도 지속되고 있는 유일신론과 다신론간의 긴장관계의 예를 들어볼 수 있다.

에스라 - 느헤미야는 의로운 생활을 한다는 것이 중요하다는 사실, 그리고 그렇게 삶으로써 선한 일들이 그의 삶에 주어진다는 사실을 우리에게 보여 준다. 정직성, 진실됨, 정의, 이웃돌보기, 금주와 성적 결백 등은 의로운 삶의 중요한 요소들이요 실천에 옮겨야 할 일들이다. 그러나 의로운 생활 그 자체가 부와 건강과 지혜의 보장이 된다고 하는 것은 아니다. 그렇지만 이 기간의 역사를 통해 의로운 생활의 구체적 증거는 번영과 건강이라는 개념이 발전되는 것을 우리는 보게 된다. 많은 사람들이 의롭게 살면 그들이 장수를 누리고, 많은 자녀를 얻고, 부하여질 것이라고 생각하였다. 어떤 사람들은 가난과 질병은 하나님으로부터 받은 징벌이라고 믿었다. 이 상반된 주장 속에서 우리는 어떻게 거룩한 생활을 촉구하는 음성을 들을 수 있는가?

성경 전체가 거룩한 삶에 대하여 우리에게 가르치고 있는 것은 무엇인가? 옛 언약이든 새 언약이든 하나님이 주신 언약은 종교를 불의와 비인간화의 고통을 무마시키는 아편으로 만드는 신성모독을 배제하듯이 경건과 번영과도 동일시하지 않는다. 거룩한 삶의 근본은 하나님을 제일로 모시는 습관을 말하며 마치 수영하는 사람이 물의 부력을 믿듯이 하나님의 사랑과 돌보심을 신뢰하는 마음자세이다. 거룩한 삶은 하나님과의 언약을 지키는 인간의 자세이다. 그에 대한 상급은 과자부스러기가 아니라 평화와 기쁨과 같이 더욱 값진 것이다. 부와 건강은 많은 사람들이 받는 선물들이지만 그들은 다른 사람들을 섬기기 위하여 하나님이 지시하시는 대로 선한 청지기 직분을 감당하기 위하여 사용되어져야 한다. 성경은 언약관계의 삶이 소유의 풍부함을 보장하는 것이 아님을 전달하기 위하여 고심한다. 옛 언약이건 새 언약이건 언약은 계약이 아니라 하나님과 그의 백성 사이의 관계로서 그 안에서 우리는 우리의 잠재력(하나님이 우리에게 주신)을 달성하고 하나님은 우리의 삶과 죽음을 통하여 우리를 붙들어 주실 것이다. 우리 자신이 비인간화되어 고통을 당하고 또 남에게 고통을 주는 것은 하나님의 뜻이 아니요 우리가 하나님과의 그러한 관계를 파괴하는 것이다. 종교를 우리 자신의 이득을 도모하는 수단으로 사용하려는 위선행위도 그 관계를 파괴하는 것이다. 거룩한 삶은 미가가 표현하였듯이 "오직 공의를 행하며 (하나님으로부터 의롭다함을 받을 때에만 가능함) 인자를 사랑하며 (자격 없는 우리가 하나님으로부터 받은 자비에 응답하여) 겸손히 네 하나님과 함께 행하는 것(믿음과 철저한 의존)"이다. 이것이 거룩한 삶이요 그에 대한 상급은 우리가 사랑 속에서 활성화된 믿음에 의하여 은혜롭게 살 수 있게 되는 것이다. 이는 우리를 사랑하시고 우리를 위하여 자신을 내어 주신 예수 그리스도를 통하여 정복자 이상이 되는 것이다. 의인은 나무와 같다. 이들은 이 세상이 줄 수도 없고 빼앗아 갈 수도 없는 특별한 평화 속에서 살게 된다.

(Albert C. Oulter, Richard B. Wilke)

준비

포로생활에서 되돌아오는 이스라엘 백성의 처절한 모습을 상상하면서 이 글을 전달하여 주라.

정보

포로로부터의 귀환은 가나안 땅의 진입과 흡사하다.
●하나님은 구원자이시다.
●가나안 땅의 진입과는 달리 포로생활에서의 귀환은 재건된 성전.
●예배의 순수한 형식과 영감.
●언약 공동체의 재구성.

유대인의 운명은 정치나 지리와 결부된 것이 아니요 종교적인 것으로서 유일하신 하나님을 섬기기로 한 서약의 갱신에 있다.

하나님은 그의 백성을 정복자로 삼으시는 것이 아니라 하나님의 증거자로 삼으신다.

의로운 생활은 하나님의 신앙 안에서 뿌리가 내리고 양육된 한 그루의 나무로 상징된다.

이방인과의 결혼은 언약의 파괴로 간주되었는데 그 이유는 어머니는 가장 종교적인 영향을 주는 사람으로서 유대교 신앙 밖에 있는 여자들이 다른 종교들을 들여온 때문이었다.

유대인이 유일하신 하나님을 예배한 것은 그들의 깊은 확신에 관한 문제였다.

거룩한 삶은 하나님을 제일로 여기고 하나님의 섭리를 신뢰하는 데 그 근본이 있다.

대화

재구성된 언약 공동체가 어떤 모습이었는지 말하여 보라. 그들의 우선권과 문제성은 무엇이었나?

성경과 교재 (50분)

본과의 주제는 "의로운 생활"이다. 회원들로 하여금 먼저 의로운 생활의 정의를 내리게 하고 왜 의로운 생활이 요구되는가 말하게 하라. 다음의 질문을 토의하라 : 의로운 삶 자체를 보상으로서 이해하는 것과 보상을 위한 의로운 삶으로 이해하는 것 사이의 다른 점은 무엇인가?

첫 나흘 동안에 읽게 된 성경 읽기에 경건한 길을 걷는 것이 무엇인지 구체적인 지침이 기록되어 있다. 한 사람이 한 가지씩 차례로 대답하여 보게 하라. 성경 인용이 필요할 경우 그 성경구절을 읽게 하라.

잠언서가 지혜문학임을 확인하고 지혜문학의 특징을 찾아 열거하는 작업을 하라. 지혜문학이 언제 구약 경전에 들어왔는가에 관한 배경을 얻으려고 할지 모르니 이에 관한 답변을 준비하여 두라. 또 회원들 중에는 잠언을 읽으면서 어떤 부분에 밑줄을 친 사람도 있을 것이다. 그들이 특히 생각한 부분을 알기 위하여서 누구든지 자원하여서 줄친 구절을 읽도록 권유하라.

본과의 마지막 부분에는 에스라와 느헤미야서가 언급된다. 이들이 언제 쓰여졌으며 또 이 책들 속에 보고된 사건들의 날짜가 언제인지 입증하라.

유대인들은 왜 순종과 의로운 생활을 원하였는가에 대한 전후 관계를 마련하기 위하여 아브라함 시대와 에스라, 느헤미야의 시대까지 이스라엘의 역사를 되돌아 보라. 그런 후에 느헤미야 8:1—9:5; 10:25-39을 통성으로 크게 읽거나 한 사람에게 크게 읽게 하라. 한 주 동안 읽고 공부하면서 기록한 질문, 대답, 통찰 등을 가지고 토의하라.

교재의 "추가연구"에 있는 의견들을 사용하고 싶으면 그것들을 사용하라.

휴식 (10분)

말씀과의 만남 (25분)

성경구절 : 시편 112

회원들로 하여금 각자가 조용히 이 구절을 읽도록 하라. 회원들을 둘씩 짝지어 시편 112의 주요 내용을 파악하도록 하라. 그런 후에 각자가 자기의 말로 그 내용을 말하여 보도록 하라.

제자의 표 (20분)

제자들은 순종의 대가가 크더라도 하나님의 율법에 일치되는 삶을 살려고 노력한다.

"인간의 상태"의 설명을 읽고 이 부분을 시작하라. 그리고 나서 다음과 같이 질문하라 : 당신이 경험한 바에 비추어 이 진술은 어느 정도 정확한가? 의로운 삶의 대가는 무엇인가? "제자의 표"에 답을 기록하게 되어 있는 질문들을 가지고 전체 그룹에서 토의하여도 좋다.

폐회기도 (10분)

15과를 열고 금주의 기도제목을 적어라. 오는 주에 읽게 될 성경 읽기를 함께 훑어 보라. 기도로 폐회하라.

15 고통이 올 때

교사를 위한 글 : 본과에서는 대부분의 시간을 욥기에서 인용한 극적인 성경구절들을 읽는 데 소요하게 될 것이다. 각 역을 누가 담당하여 읽을 것인가를 미리 결정하라. 모임을 갖기 전 주 중에 각 역을 맡아서 읽을 회원들에게 전화를 걸어서 동의를 얻고 연습할 시간을 주라.

그들이 앞에 나와 앉아서 읽을 것인지 제 자리에서 읽을 것인지 결정하라. 어떤 이들은 교재에 있는 낭독을 따라 읽고 들으면서 자기의 생각을 표시하여 놓을 수도 있고, 어떤 회원들은 그저 듣기만을 원할 수도 있겠다.

인용절을 읽고나서 그 인용절에 있는 논쟁점을 찾아내기 전에 휴식을 갖는 것이 좋을 것이다.

개회기도 (5분)

토의 시작 (20-25분)

욥기를 읽고 그 책이 의도하는 것이 무엇인지 이해하기 어렵다고 하여서 좌절감을 가질 필요는 없다.

성경연구를 통하여 학자들은 욥기를 여러 부분으로 구분하여 혼란을 제거하는 데 큰 공헌을 하였다.

1—2은 서론으로서 하나님과 사단 간에 극적인 대화가 있고 믿음을 "시험"하기 위하여 욥이 선택된다.

3—31까지는 대화의 장들이라고 불리우는데 법정에서의 변론을 연상하게 한다. 변론은 욥과 그의 세 친구 엘리바스와 빌닷과 소발 사이에 세 차례씩 계속된다.

이 부분의 마지막에 가서는 모든 것이 혼란 속에 빠진다. 빌닷의 변론은 중간에 끊기고 26—27에 나오는 변론은 욥의 발언인데 모든 것이 그가 지금까지 말하던 것과는 대조가 된다. 28의 지혜를 찬양하는 시도 욥의 것으로 되어 있는데 나머지 변론과는 직접적으로 아무 관련도 없다.

32—37까지는 엘리후의 변론으로서 엘리후는 연소자로서 그들의 변론을 듣고 있었다. 이 부분은 후기에 추가되었거나 이곳에 잘못 삽입된 것 같다. 문맥상으로 보아 31—하나님 앞에서 마지막으로 욥이 자기의 입장을 호소하려고 함—으로부터 직접 38의 하나님의 응답으로 넘어갔어야 더 자연스럽다.

38—42:6까지는 하나님의 발언으로서 욥에 대한 하나님의 응답이다.

마지막 부분인 42:7-17은 결론이다.

독자들은 서론과 결론의 산문과 시로 쓰여진 나머지 부분에서 차이점을 본능적으로 느꼈을 것이나. 하나님에 대한 명칭 자체도 이 두 부분에 차이가 있음을 알 수 있다.

학자들간에는 욥기의 저자가 욥에 관한 고대의 민간설화를 신학적인 차원에서 각색한 것이라고 생각한다. 고대의 민간설화는 서론과 결론 부분에 나오는 이야기이다. 이 단순한 이야기를 가지고 저자는 웅장한 시의 형태로 확대시켰다. 욥의 이야기에서 보여 준 저자의 통찰력은 고대의 민간설화를 훨씬 넘어선다. 그러나 그 이야기는 많은 사람들이 친히 알고 있던 이야기이기에 저자는 그 내용의 큰 변화를 가져올 수 없었다. 이로 인하여 욥기 안에서 서로 모순되는 부분이 생기게 된 것 같다. 그러나 그러한 모순 속에서도 배울 것이 많이 있다.

서론과 결론 부분의 하나님은 다른 부분에서 말씀하시는 하나님보다 훨씬 우리에게 가깝고 온화한 분으로 나타난다. 그리고 욥 자신의 성격은 여러 가지 모습으로 나타난다. 서론에 나타난 욥은 강한 인내심을 가진 우리가 보통 생각하는 욥의 이미지이다. 그러나 그 후에 나오는 욥은 분노에 가득차고 상처받은 그리고 대답을 강요하는 다른 사람으로 나타난다.

욥과 그의 친구들의 변론 속에서 우리는 욥의 고난에 대한 여러 가지 서로 다른 설명을 듣는다. 이중에 어느 한 가지도 결정적인 대답으로 나타나지는 않는다. 가능한 대답들을 상고하여 보자.

욥기는 의로운 자가 이생에서 번영하고 악한 자는 불행을 가져온다는 전통적인 교리에 이의를 제기하는 것이라는 것이 일반적인 해석이다. 욥의 친구들의 주장은 고통은 죄에 대한 징벌이다. 그러므로 고통을 당하는 것은 본인 자신이 모른다고 하여도 죄를 지었기 때문이라는 것이다.

어떤 학자들은 욥의 이야기는 이스라엘 민족의 이야기와 동일한 것이라고 주장한다. 그러나 이스라엘의 전역사가 욥기에서는 무시되었기 때문에 그것이 저자의 의도였다고 할 증거는 없다. 그것은 저자나 독자가 가지고 있는 배경의 일부이며 이 이야기가 의미하는 것에 한 실마리를 제공하여 줄 수 있다. 욥과 이스라엘은 모두 본래 의롭고 흠이 없으며 하나님과 특별한 관계를 가지고 있다. 그런데 욥과 이스라엘 민족은 똑같이 말할 수 없는 재난을 받게 된다. 욥은 재산과 가족과 건강을 모두 잃고, 이스라엘 민족은 모든 것을 빼앗기고 포로로 잡혀 간다. 욥과 이스라엘 민족은 이러한 부당한 처우에 항변하여 이웃나라들의 조롱거리가 된다. 결국 하나님께서는 욥과 이스라엘 민족의 교만을 꾸짖으시고 그들의 회복은 다시 종의 역할을 취함으로써 주어진다.

교만의 문제를 가지고 욥기의 의도를 해석할 수 있는 실마리를 찾을 수도 있다. 변론 부분의 마지막 장들 속에서 욥은 그의 비극이 있기 전의 날들을 회상한다. 그는 그의 의로운 행위들을 나열하고 그가 하나님과 특별한 관계속에 있었음을 상기한다. 그러나 하나님은 노한 음성으로 응답하신다 : 네가 감히 나더러 잘못하였다는 거냐? 네가 나를 정죄함으로써 자신이 옳다고 하는거냐?

이러한 해석은 옛날 욥의 이야기의 결론과 합하여 더 설득력을 가진다. 욥은 그의 친구들을 위하여 기도하라는 소리를 듣는다. 욥이 친구들을 위한 중보기도의 봉사를 함으로써 모든 것이 회복된다. 욥의 성취는 (이것은 우리 모두의 성취이기도 하다) 교만함을 버리고 종의 역할을 수락함에 있다.

그러나 이러한 해석이 변론 부분과 결론 부분의 상이점을 해결해 주는가? 결론 부분은 욥이 지금까지 반론을 제기하던 것 즉 번영은 의로운 자의 상급이라는 것을 확인하는 것 같이 보인다.

만약 이 문제에 대한 해결책이 있다면 대부분의 주석가들이 소위 신의 현현이라는 부분 즉 야웨의 변론 속에서 하나님이 욥에게 나타나시는 데서 발견하게 된다.

그러나 아직도 문제는 분명히 풀리지 않는다. 욥의 도전에 대한 직접적인 응답이 주어지지 않으며 욥이 고난받는 이유도 설명되지 않는다.

욥의 도전에 대한 하나님의 대답은 욥을 향한 하나님의 도전으로 나타난다 : "너는 대장부처럼 허리를 묶고 내가 네게 묻는 것을 대답할지니라" 저자의 목적은 하나님과의 관계 속에서 욥을 바른 위치에 앉히려는 것인가? 시대를 막론하고 우리가 누구이며 누가 모든 것을 주장하는지 분명히 하려는 것인가? 하나님은 욥의 무지 외에는 다른 것 때문에 욥을 정죄하지 않으신다. "너는 나의 목적이 무엇인지 이해할 수 없다"는 이 말씀에 욥은 만족한다. 욥은 자신의 잘못을 고백하고 회개한다. 그가 원하던 대답은 아니더라도 결국 욥은 대답을 얻은 셈이다.

욥은 무엇보다도 믿음의 사람이다. 그의 고난에 대한 문제에 해결책이 있다면 그것은 하나님과 대면할 수 있는 기회였다.

〈B. Davie Napier〉

준비

내피어 박사는 욥기의 구조에 관한 간략한 분석과 욥기의 의미를 이해하는 데 필요한 몇 가지 단서를 설명하여 주고 있다. 이 부분에서는 회원들이 욥기의 인용구를 낭독하도록 무대를 설치할 것이다.

정보

욥기의 구조 :
● 욥기 1—2 : 서론; 하나님과 사단이 욥의 신앙을 시험하기로 동의함.
● 욥기 3—31 : 욥과 그의 세 친구간의 대화.
● 욥기 32—37 : 엘리후의 변론.
● 욥기 38:1—42:6 : 욥에 대한 하나님의 답변.
● 욥기 42:7-17 : 결론.
서론과 결론은 산문이고 나머지는 시다.
욥기에 관한 몇 가지 해설 :

● 욥기의 목적은 의로운 삶이 이 생에서 보상을 가져오고 악은 불행을 가져온다는 신앙에 반대하여 논쟁하려는 것이다.
● 어떤 주석가들은 이스라엘의 이야기와 욥의 이야기 사이에 서로 비슷한 점이 있다고 본다. 이스라엘 백성과 욥은 교만을 버리고 종으로서의 역할을 수락함으로써 그들의 임무를 완성하게 된다.
● 어떤 이들은 하나님이 욥에게 나타나신 사실에서 욥기의 의미를 찾는다 : 그 문제의 해결 방안은 욥이 직접 하나님과 얼굴을 대면하는 장면 속에서 이루어진다.

대화

내피어 박사가 욥기의 의미를 서술하는 세 가지 해석은 무엇인가? 당신은 어떤 해석을 좋아하는가?

성경과 교재 (50분)

욥의 인용구를 읽기 전에 회원들이 그것을 들은 후에 하여야 할 일을 미리 알려 주라. 다음의 세 가지 단계를 큰 종이에 적어놓고 주의를 모으라.
1. 욥의 친구들에 의한 권고를 찾아보라.
2. 욥의 친구들의 이야기가 어떻게 오늘날까지 사용되는가 관찰하라.
3. 그 이야기들이 부분적으로는 진실이지만 전부가 적절하지는 않다는 여론을 고려하라.

욥 인용구 낭독

욥기 낭독을 듣고나서 세 사람씩 그룹을 나누어 위의 세 가지 단계 중 1을 나누라. 성경반에서 15과 끝부분에 사용하기 위하여 연구하고 준비하면서 만든 설명을 찾아보라. 소그룹이 정한 시간 안에 다 작업이 끝나면, 나머지 2, 3을 전체그룹에서 생각하여 보라.

제자의 표 (20분)

제자들은 이해할 수 없는 고난 가운데서도 하나님을 신뢰한다.

"인간의 상태"를 읽고 다음의 질문을 하라 : 우리에게 일어나는 일을 이해하지 못할 때에도 우리가 괴롭지 않도록 우리를 지켜 주는 것은 무엇인가? 우리에게 응답이 없을 때에도 하나님을 신뢰하는 것을 배우려면 우리가 무엇을 하여야 하는가? "제자의 표"의 질문에 응답한 내용을 서로 나누게 하라.

폐회기도 (10분)

16과를 열고 금주의 기도제목을 적어라. 기도로 폐회하라.

16 구세주의 대망

개회기도 (5분)

토의 시작 (20-25분)

다니엘이라는 사람은 누구인가? 다니엘서에서 볼 수 있는 것 외에 그에 대하여 우리가 아는 바 없다. 우리가 아는 것은 다니엘이라는 이름이 지혜롭고 의로운 어떤 사람과 연루되어 있다는 것이며, 우리는 이 책의 저자가 다니엘이라는 이름이 특별히 지닌 의미 때문에 다니엘이라는 이름을 택한 것이라고 추측할 수 있다. 다니엘은 묵시문학서로서 묵시문학의 기본 요소들을 갖추고 있다 : 상징적 언어의 사용, 역사의 시대 구분, 종말에 대한 기대 등.

다니엘서는 주전 2세기에 쓰여졌다. 저자는 이스라엘의 장래에 대하여 큰 관심을 기울였다. 그 당시 이스라엘은 희랍문화 특히 희랍종교의 영향을 크게 받고 있었다. 그당시 통치자로 있던 안티오커스 에피파네스 4세는 유대인 핍박을 시작하였다. 그의 통치하에서 할례와 안식일 엄수와 유대교의 율법서 지참은 사형에 해당되는 범죄행위로 간주되었다.

다니엘서의 저자는 유대 백성과 또 야웨종교의 보존에 깊은 우려를 가지고 있었다. 그는 아마 그때 상황을 지켜보면서 "내가 무엇을 하여 나의 동족 유대인 형제자매들로 하여금 희랍문화의 유혹을 물리치도록 격려할 수 있을까? 핍박받고 있는 동족들에게 무엇이라 말할 수 있을까?" 이런 생각을 하고 있었을 것이다. 그래서 그는 그의 민족이 바벨론의 포로생활을 하던 옛이야기를 들려줌으로써 그의 동시대의 유대인들을 격려코자 하였다. 그의 시대에도 유대인들은 그들의 믿음을 파기하고 다른 신 숭배의 유혹을 받고 있었기 때문이다.

다니엘서의 이야기는 약 400년 전인 주전 606년 예루살렘이 느부갓네살왕의 침공을 받았던 때로부터 시작된다. 느부갓네살왕은 예루살렘의 총명한 젊은이들을 바벨론으로 데려가 그를 섬기게 만들었다. 다니엘은 이 때 끌려간 유대 청년 중의 한 사람이었다.

이들이 바벨론에 있을 때 다니엘과 그의 친구들은 그들의 유대교 신앙을 포기하고 바벨론 문화에 동화되도록 강요당하였다. 그들은 유대교 율법에 준한 음식법을 포기하고 점성술과 마술을 믿게 강요되었다. 그리고 그들이 그러한 강요를 거절하자 그들은 놀림감이 되었고 벌과 위협을 받았다.

다니엘서의 이야기와 이 이야기가 쓰여졌던 시대 사이의 공통점을 찾아보자. 두 경우에 유대인들은 외국의 지배를 받고 있었다. 그들은 완전한 귀순이 강요되었다. 두 경우에 신앙을 지킨다고 하는 것은 매우 어려운 일이었다.

이 창의적 저자는 그의 동시대 유대인들을 향하여 믿음을 굳게 지키라고 권면한다. 그는 핍박을 당하고 있는 자들과 신앙의 변절이라는 유혹을 당하고 있는 자들을 격려하기 위하여 그들에게 다니엘서를 제공하였다. 오늘날 한국이나 미국에 살고 있는 우리들에게 주는 다니엘서의 메시지는 무엇인가? 오늘날에도 믿음을 지키기 위하여 핍박당하고 있는 사람들이 있다. 다니엘은 핍박 중에도 굳건히 신앙을 지키고 있는 현대 지도자들과 비교될 수 있다.

다니엘서에서 우리는 묵시문학이라 불리우는 주제와 문학 형식을 발견하게 된다. 저자는 특별한 점을 강조하기 위하여 이러한 주제를 사용하였다. 다니엘서에서 발견할 수 있는 묵시문학의 요소들은 요한계시록에서도 찾아 볼 수 있다. 그 요소들은 위에서 언급한 바와 같이 상징적 언어의 사용과 역사의 시대 구분 (현세와 내세), 긴박한 종말의 기대 등이다.

다니엘서는 크게 두 부분으로 나뉜다. 전반부는 여섯 개의 꿈 이야기요 후반부는 네 개의 환상들이다.

전반부에서 우리는 바벨론의 통치자들이 바뀌어질 것을 바라고 유대종교의 진실성을 볼 수 있기를 바라는 한 위인을 발견한다. 이 부분에서는 믿는 자들이 굳건히 서있기를 권면한다.

후반부에서 다니엘은 통치자들에게 대한 기대를 완전히 포기하고 오로지 하나님께 소망을 둔다. 그는 현세에서 아무런 변화도 볼 수 없음을 깨닫고 내세에서 믿는 자에게 주어질 상급을 강조한다.

다니엘서는 믿는 자들에게 용기를 북돋아주는 책이다. 신학자들은 이 책에서 큰 가치를 발견하였고 성경에서 처음 제기되는 신학적 통찰력을 지적하여 내었다. 다니엘서에 포함되어 있는 신학적 사상으로서는 육체의 부활, 메시야 사상, 전달자로서의 천사, 묵시론 등을 들 수 있다.

요한계시록처럼 사람들은 여러 가지 상이한 방법으로 다니엘서를 읽어왔다. 어떤 사람들은 다니엘서의 상징을 현대 정치적 사건들을 서술하는 것으로 해석하려고도 하였다.

그러나 다니엘서의 목적은 그러한 해석을 초월한다. 다니엘서의 메시지는 시공간을 초월하여 믿는 자가 핍박을 받을 때, 그리고 사회의 유혹이 극심할 때 들려져야 할 메시지이다.

(Jorge González)

준비

다니엘서 저자의 목적, 메시지, 그리고 묵시문학의 특징에 관심을 두게 하라.

전부

다니엘서의 저자는 이 이야기를 바벨론 포로시기에다 고정시켰는데 그것은 다니엘의 이야기와 그 책이 쓰여신 시대를 비교하기 위하여서이다.

두 경우 다 외세의 지배 하에서도 신앙을 지키는 것이 과제로 되어 있다.

묵시적 예언이 다니엘서의 주제와 문학적 형식을 규정하고 있다 : 상징적인 용어의 사용, 역사 시대의 구분, 세상의 종말.

다니엘서는 두 부분으로 구성되어 있는데 신앙을 군건히 지키라고 권면하는 여섯 가지 꿈과 다가오는 세상에서 상을 받으리라고 강조하는 네 가지의 환상이다.

다니엘서에 있는 신학적 개념들 : 육체의 부활, 메시야와 구세주에 대한 희망, 전달자들로서의 천사들, 묵시적 예언.

대화

누구든지 곤잘레스 박사의 글에서 얻은 새로운 통찰이나 질문을 이 시간에 하도록 하라.

성경과 교재 (50분)

다니엘서가 쓰여진 시기인 안티오커스 에피파네스 4세 시대를 이해하기 위하여 학생용 교재에 있는 "성경의 가르침"을 복습하라. 복습을 한 후에 바벨론 포로생활에 대하여 공부하였던 것을 나누도록 하라. 저자는 왜 그의 시대를 바벨론 포로 시대와 비교를 하였을까?

묵시문학의 주제들과 특징들이 회원들에게 의미를 갖게 하기 위하여서 다니엘서의 주제들과 특징들을 설명하는 다니엘서 7을 읽도록 지도하라. 7에서 묵시문학의 주제와 특징들을 찾아보도록 하라.

다니엘서의 희망의 메시지를 이해하기 위하여서는 먼저 유대인들이 안티오커스 에피파네스의 압제하에서 느끼고 경험한 것이 무엇인가를 알려고 노력하라 : 성전 안에는 우상들이 놓여 있었고; 예루살렘은 파괴되었으며; 유대인들에게 안식일 지키는 것과 음식에 관한 규정, 할례법, 희생제 등등이 전부 금지되었었다. 서너 명으로 구성된 그룹들에게 유대인의 신앙과 그 실천의 규례에 비교할만한 기독교인의 신앙과 실천의 규례를 찾아보게 하라. 이러한 규례에 대하여 함께 토의하고 그러한 상태에서 기독교인들이 어떠한 느낌을 갖게 되겠는가 생각하여 보라. 또 다음과 같이 질문을 하라. 기독교인은 다니엘서에서 어떠한 희망의 메시지를 듣게 되는가?

다니엘서에서 희망을 찾아보라. 두 사람씩 팀을 만들고 각 팀에 성경 읽기 하루분씩을 지정하여 주라. 각 그룹이 지정받은 성경 속에서 발견한 희망의 장면을 전체 그룹에서 설명하도록 하라.

휴식 (10분)

말씀과의 만남 (25분)

성경구절 : 이사야 65:17-25

이사야 65:17-25를 서로 교독하라. 그런 후에 한 회원이 다시 읽을 때 소리를 듣는듯, 눈으로 보는듯, 냄새를 맡는듯, 손으로 만지는듯, 음식을 맛 보는듯 느끼도록 하라. 서로가 느낀 점을 나누도록 하라.

제자의 표 (20분)

제자들은 구약에 있는 신앙의 선조들의 신앙체험에 뿌리를 박고 있음을 깨닫고 하늘나라를 목격하리라는 소망 중에 산다.

"인간의 상태"를 큰소리로 같이 읽어라. "제자의 표"에 제기된 질문에 답하라. "인간의 상태"와 "제자의 표"를 연결시켜라.

폐회기도 (10분)

17과를 열고 금주의 기도제목을 적어라. 17과의 성경 읽기를 한 번 훑어 보라. 가지고 있는 성경에 신구약 중간사에 대한 글이 있으면 읽어 보라고 권하라. 기도로 폐회하라.

17 신구약 중간기

개회기도 (5분)

토의 시작 (20-25분)

약 500년의 자주독립을 누리던 이스라엘은 주전 587년에 바벨론에 포로로 잡혀가 400년 동안 강대국의 지배를 받게 된다. 이러한 경험은 구약 언약 공동체의 생활에 큰 변화를 가져왔으며 랍비 중심의 유대교와 기독교 출현의 길을 닦아 놓게 된다. 성서적으로 볼 때 이 시대는 신비 가운데 덮혀 있다. 학개와 스가랴 (주전 520년 경부터), 에스라와 느헤미야 (주전 465-430년 경부터)에서 이 시대를 엿볼 수 있다.

바벨론 제국의 예루살렘 파멸은 유대인들에게 거처의 변화를 가져 왔다. 많은 유대인들이 바벨론에 포로로 잡혀 갔는가 하면 또 애굽으로 피신하였다. 이로부터 500년 동안 유대인들은 바벨론과 애굽을 중심으로 하여 전지중해 연안에 흩어지게 되었다. 이들을 디아스포라라고 부른다. 바벨론에 있는 유대인들은 성전제사 없이 어떻게 언약 백성으로서 남아 있을 수 있는가 하는 문제를 가지고 씨름하게 된다.

이에 대한 해답으로서 토라 즉 모세의 율법에 매일 충실할 것을 강조하게 된다. 포로로 잡혀간 제사장들은 율법교사들이 되었다. 유대인들이 모인 곳인 회당은 토라를 읽고 가르치는 장소가 되었다. 주전 539년 페르샤가 바벨론을 정복한 다음 백년 동안 포로로 잡혀갔던 이스라엘 소집단들이 예루살렘으로 돌아오게 되었다. 예루살렘 성전은 재건되었고 제사의식이 다시 부활되었다.

그러나 제사의식과 함께 율법을 가르치는 평신도 교사들이 생기게 되었는데 이들은 서기관들로서 바벨론에서 시작된 토라 해설작업을 계속 발전시킨 사람들이었다. 성전과 제사장의 제사의식만으로 유대교 신앙이 표현되었던 것이 회당과 서기관의 가르침도 점차적으로 유대인의 신앙 생활에 중요한 위치를 차지하게 되었다. 페르샤 제국의 통치기간 동안 (주전 539-333년) 페르샤의 통치권하에서 팔레스틴의 유대교를 대변하는 제사장 집단과 부요한 유대교 특권층이 대두되었다. 이 집단이 페르샤 세계의 정치와 경제, 문화에 깊이 개입되면서 이 지배계급과 서기관들의 토라 해석에 순종하면서 살려고 애쓰는 사람들 사이에 간격이 생기게 되었다. 주전 333-323년에 알렉산더 대왕이 페르샤를 정복한 뒤 (희랍 시대 – 주전 333-167년) 팔레스틴은 애굽의 톨레마이 왕조의 지배하에 있었고 그후에는 수리아의 실루기아 왕조의 지배하에 있게 된다. 실루기아 왕조의 통치밑에서 희랍문화는 유대의 지배특권층에게 큰 영향을 미쳤다. 하시딤이라 알려진 충성스런 서기관들의 추종자들은 드디어 마카비 혁명을 일으키게 된다.

하스몬가라고 알려진 유다 마카비우스의 후손들은 팔레스틴의 유대인들을 주전 63년 로마의 정복으로 끝날 때까지 독립국가로 이끌어 나섰다. 하스몬 독립 시대(주전 167-63년)에는 신약 시대에 중요한 역할을 한 세 집단이 생겼다. 이 중 두 집단은 마카비 혁명의 불을 일으킨 경건파 하시딤파로부터 일어났는데 이들은 경건파 열심당인 분리주의자 에세네파와 서기관들의 가르침을 엄격히 지킴으로써 이 세상에서 제사장적 경건의 생활을 추구하였던 바리새인들이었다. 대제사장 가족들과 부요한 유대인들, 소위 지배층의 권력자들은 하스몬 왕조를 중심으로 결속되었는데 이들은 사두개파로 알려진 집단이 되었다. 하스몬 왕조의 통치 말기에 가서 두 부류의 문서들이 유대인들의 권위서가 되었는데 이들은 모세 율법과 예언서들이다. 우리가 가지고 있는 구약성경의 역사서들도 이에 포함되었다.

이밖에 "성문서"라고 하는 세번째 부류의 성경이 형성되었는데 이중에는 다니엘, 시편, 잠언, 에스더, 아가, 전도서, 욥기와 현재 외경이라고 불리우는 책들이 포함된다.

이 문서들 중에는 이 세상을 지배하며 하나님의 백성을 억압하고 있는 악의 세력들을 쳐부술 하나님의 최후 승리를 기다리고 있는 소위 묵시문학적인 것이 많다. 이러한 문서들은 여러 가지 영향을 받아 출현되었으나, 외세의 지배하에 오랫동안 억압받던 유대인들의 경험은 이스라엘을 하나님의 선택받은 백성으로 재건하기 위한 하나님의 개입을 열망하게 만들었던 것이다.

로마 통치시대(주전 63년 이후)는 폼페이가 그의 로마 군대를 이끌고 예루살렘으로 진군하여 들어온 때로부터 시작된다. 유대인들은 또 다시 외세에 종속되고 만다. 로마의 탄압은 하나님의 구원을 기다리는 과격한 바리새인들을 더욱 열심파로 만들었다. 이 열심당원들은 로마의 정복 직후에 처음으로 출현하여 지하운동으로 또는 공개적으로 로마통치에 저항하였다. 1세기 중반에 가서 시카리라고 하는 과격한 열심당원들은 로마 관리들과 친로마 유대인들을 살해하는 등 공개적으로 로마에 저항하기 시작하였다.

주후 66년에 반로마 유대전쟁이 발발하였는데 이것은 열심당원들과 시카리파들의 행동의 결과였다. 로마의 통치기간 중에 팔레스틴에 있는 유대인들은 메시야를 대망하게 되었다. 예수와 세례 요한은 그들이 메시야처럼 행동하였기에 유대 당국자들로부터 심문을 받았다. 예수께서는 거짓 메시야들을 조심하라고 그의 추종자들에게 경고하였다. 역사가 요세푸스와 사도행전에서도 1세기에 거짓 메시야들이 빈번히 대두하였던 것을 증언한다.

정치적으로 억압당하고 경제적으로 착취당한 유대인들은 혁명적 메시야를 고대하였고 다른 사람들은 제사장적 메시야 또는 하나님의 아들이 나타나 그들을 로마로부터 구출하고 하나님의 왕국을 설립하여 줄 것을 고대하였다.

팔레스틴의 경제적 불균형은 부요한 상류층과 가난한 자와 실업자 수의 증대를 가져 왔다. 특별히 이처럼 가난한 자들과 실업자들 사이에서 메시야에 대한 기다림이 더욱 높았다. 이들 중에서 열심당과 시카리파의 추종자들이 많이 생겼으며 큰 무리가 예수를 따르기도 하였다.

유대교는 팔레스틴 지역을 벗어나 로마 제국에 확대되었다. 회당이 흩어진 유대인 공동체의 중심을 이루게 되었고 서기관들의 토라해설이 그들의 일상생활을 지배하게 되었다. 유대교는 그의 유일신 사상과 상부상조를 중심한 공동체의 구조와 무의미한 이 세상에서 생의 의미와 목적을 제공하여 주는 원리들에 의하여 많은 이방인들의 관심을 끌었다. 일부 이방인들은 유대인들과 함께 예배드리고 그들의 생활에 참여하기 위하여 이방세계에서 이탈하였는데 이들은 "하나님을 두려워하는 자"라고 불리었다. 또 어떤 이들은 유대인이 되기 위하여 필요한 과정을 거쳤는데 이들은 "개종자"라고 불리었다. 이 두 집단은 유대교와 이방세계의 다리를 형성하였고 또 이 다리를 통하여 그리스도의 복음이 유대인 세계에서 벗어나 더 큰 로마 세계로 뻗쳐나가게 되었다.

(M. Robert Mulholland, Jr.)

준비

몰할런드 박사의 글에서 다음의 세 가지 중요한 주제에 주의를 기울이고 듣도록 하라 :

통치권력, 종교 단체들, 유대교의 형태 등이다.

정보

바벨론에 있던 유대인들은 성전과 희생제사에서 떠나 토라(율법)에다 주의를 모았다.

바벨론에서 예루살렘에 돌아온 유대인들은 성전을 재건하였고 제사제도를 다시 시작하였다.

성전과 희생제사가 유대교 신앙의 중심이었던 상태에서 벗어나 회당과 서기관들에 의한 율법의 가르침이 유대인들의 생활의 구심점이 되었다.

희랍의 문화가 유대 귀족사회 통치에 큰 영향을 주었고 그 결과로 마카비 혁명을 초래하게 하였다. 그리고 유다 마카비우스의 후손들인 하스몬 왕조의 통치하에서 유대인들은 얼마 동안 독립을 누릴 수 있었다.

하스몬가의 독립기간 동안에 세 그룹이 생겼다 : 에세네파, 바리새파, 사두개파이다.

하스몬가의 통치의 말년에 와서는 율법서, 예언서, 그리고 성문서들이 유대인들의 경전이 되었다.

유대인들의 메시야에 대한 기대가 로마의 통치 기간에 고조되었다.

이방인들은 유대교에 매혹되었는데 그것은 유대교의 유일신관, 사회구조, 그리고 생의 목적과 의미를 주는 원리들 때문이었다.

대화

기독교의 출현을 위하여 신구약 중간기에서 어떤 무대가 준비되었는가 토의하라.

성경과 교재 (50분)

본과의 주제는 다른 과의 주제들과 좀 다르다. 이 주제가 무슨 뜻인지 또 어떻게 부합되는지 이야기하라.

에스더서와 요나서의 성격, 그 책들이 쓰여진 시기, 그리고 목적 등을 언급하라.

요나서와 에스더서에 나오는 사람들, 장소들, 구상, 목적 등을 통하여 에스더서와 요나서를 공부하고 토의하는 것도 좋다. 또 다음의 질문들을 하라 : 이 이야기들은 신구약 중간기에 대하여 우리에게 무엇을 말하고 있는가? 유대교에 무슨 일이 일어나고 있었는가?

성경 역사를 복습하기 위하여 학생용 교재에 있는 성경 역사 도표를 교독하며 읽어라. 이 성경 역사 도표를 읽는 동안 관련된 인물이나 사건을 생각하여 보도록 지도하라.

학개, 스가랴를 읽은 회원이 있으면 그들의 보고도 듣도록 하라. 이 책의 특정한 부분들을 회원들이 크게 낭독하여도 좋을 것이다.

휴식 (10분)

말씀과의 만남 (25분)

성경구절 : 요나서 3:10—4:11

회원들로 하여금 이 구절을 조용히 읽은 후 다음의 질문들에 대하여 답하도록 하라. 이 이야기에서는 무엇이 일어났는가? 초대독자들에게 이 이야기는 무엇을 말하여 주려고 하였는가? 하나님에 대하여 무엇을 말하여 주는가? 이야기의 목적은 무엇인가? 이 이야기가 나에게는 무엇을 의미하는가?

제자의 표 (20분)

제자들은 구약에 있는 신앙의 선조들의 신앙체험과 관계를 가지고 예수 그리스도의 복음을 듣는다. "인간의 상태"를 큰 소리로 같이 읽어라. 신구약 중간기가 공백기간이 아니라 어떻게 교량의 기간이 되었는가에 대하여 서로 이야기하게 하라. 다음의 질문을 토의하라 : 기독교인들이 자신들을 구약의 신앙인들과 연결된 것으로 볼 때 성경 이해에 어떤 영향을 미치는가?

폐회기도 (10분)

18과를 열고 금주의 기도제목을 적어라. 기도로 폐회하라.

예수 시대의
팔레스틴

시돈

수리아

두로

헐몬산
●가이사랴
빌립보

페니게지역

고라신
●벳새다
가버나움
막달라 갈릴리바다
갈릴리 지역
나사렛
가다라
데가볼리 지역

지중해

요단강

사마리아 지역

베레아 지역

●욥바

여리고
●베다니
예루살렘●●
베들레헴

사해

●마개루스

유다 지역

이두매 지역

제 자

신 약

18 철저한 제자로 부름받음

개회기도 (5분)

토의 시작 (20-25분)

초대 기독교인들은 예수의 행적 가운데서 특별히 예수를 나타내는 데 중요하다고 생각되는 것들을 기억하고 또 전하였다. 이것은 가끔 우리를 당황하게 만드는 두 가지 문제에 대하여 설명을 하여 주기도 한다. 첫째, 예수에 관하여 우리가 알고 싶어하는 많은 것들을 잃어 버렸다는 것이다. 예수께서 결혼을 하셨을까? 예수께서 사해사본에 관하여 알고 계셨을까? 둘째, 복음서들은 모두 같은 사람에 관하여 기록하고 있는데 왜 그렇게 다르게 말하고 있는가를 설명하여 준다. 같은 사건을 보도할 때에도 전혀 다른 상황에서 기록하기 때문에 다른 의미를 갖게 되는 경우도 있다. 결국 복음서들은 기자 자신의 이해와 방식대로 복음서를 기록하였다는 것이다.

그렇다면 마태복음에서 예수님에 대하여 꼭 전하고 싶은 것은 무엇이었을까? 이에는 여러 가지가 있다. 그 중의 한 가지는 예수가 구약성경의 대망을 성취하신 분이라는 신앙이다. 마태복음처럼 이 점을 강조한 복음서는 없다. 마태복음만이 예수께서 율법과 선지자들을 완성시키기 위하여 오셨다고 주장하였다. 또 마태복음에서만 예수께서 "교회"라는 용어를 사용하신 것으로 기록되어 있다. 특별히 이 성경연구에 있어서 중요한 것은 마태만이 "제자를 삼으라"는 예수의 마지막 명령을 기록하고 있다는 사실이다. 마태복음 전체를 통하여 예수를 따르라, 예수께 복종하라는 제자로의 부르심이 강조되어 있다.

예수의 가르침 중에 가장 중심이 되는 주제를 말하면 그것은 무엇일까? 황금율인가? 하나님을 사랑하고 이웃을 사랑하라는 계명인가? 아니면 제 십자가를 짊어지라는 부르심인가? 마태복음에 의하면 이런 것들이 아니다. 마태복음 4:17에 의하면 예수의 가장 중요한 교훈은 "회개하라 천국이 가까웠느니라"이다. 이 말씀은 우리로 하여금 회개와 하늘나라, 그리고 그 둘 사이의 관계를 이해하게 하여 준다.

마태복음에 있어서 하늘나라는 사람들이 죽은 다음에 가는 장소라고 생각하는 하늘을 뜻하지 않는다. 하늘나라는 하나님 나라와 동일하다. 왜냐하면 이런 경우 "하늘"은 하나님을 의미하는 것이기 때문이다. 이보다 더 중요한 것은 하나님 나라는 어떤 장소를 말하는 것이 아니라 완전히 하나님의 통치가 이루어진 상태를 말한다는 것이다. 주기도문에 똑같은 것을 의미하는 두 줄의 기도가 들어 있는 이유가 바로 이 까닭이다 : "나라가 임하옵시며, 뜻이 하늘에서 이루어진 것같이 땅에서도 이루어지이다." "하나님 나라"는 여러 가지 의미를 가진 하나의 상징이다. 예수께서 어느 곳에서는 하나님 나라의 도래에 관하여 말하고 다른 곳에서는 하나님 나라에 들어간다고 말씀하신 이유가 여기에 있다.

여기서 또 중요한 것은 회개를 예수와 마태복음이 사용한 것과 같이 우리도 이해하는가에 있다. 회개란 단어는 히브리어로 테슈바인데 그것은 되돌아선다는 의미를 갖는다. 예수께서는 "회개"라는 개념을 구약의 예언자들이 사용하였던 식으로 즉 옛 생활에서 돌이켜 새로운 생활로의 전향을 촉구하는 것으로 사용하셨다. 회개는 죄를 겨서 미안하다는 감정이나 참회행위가 아니라 잘못된 것을 바로잡는 것이다. 회개는 우리의 삶을 하나님께 향하여 돌이키는 것이다.

그렇다면 하나님 나라와 회개는 무슨 상관이 있는가? 예수의 설교에 의한다면 하나님 나라가 가까왔기에 우리는 회개하여야 한다. 마태복음에 의하면 세례 요한도 이와 똑같은 것을 말하였다. 그러나 이 둘 사이에는 큰 차이가 있다. 간단히 말하여서 세례 요한에 의하면 하나님 나라를 맞이하기 위한 준비로서 우리가 회개하여야 하지만 예수에 의하면 하나님 나라에 대한 응답으로서 우리가 회개하여야 한다. 이처럼 모든 것이 이해의 차에 따라 달라진다. 마태복음에 의하면 산상설교는 하나님 나라가 오기 전에 완수하여야 할 요구들을 우리에게 하지 않고, 하나님 나라가 예수 안에서 우리에게 가까이 왔으니 우리가 마땅히 하여야 할 응답들을 제시한 것이다. 불행하게도 많은 교회에서 듣는 설교들은 예수의 가르침보다 세례 요한의 가르침에 더 가까운 것 같다.

예수 그리스도 안에서 하나님 나라가 가까왔다고 말하는 것은 하나님 나라가 눈에 보이지는 않으나 이미 현존하고 있다고 말하는 것이다. 예수께서 하나님 나라에 관하여 이야기하셨을 때 비유로 말씀하신 이유가 바로 여기에 있다. 비유들은 좀더 정확하고 분명하게 다른 언어로 표현될 수 없는 점을 표현하기 위하여 사용되었다. 비유는 하나님 나라의 일면을 드러낼 수 있는 이야기를 우리 앞에 제시하여 주는데 우리가 그 요점을 제대로 파악하고 그것이 우리 생활에 직접 영향을 끼치도록 하여야 할 것이다. 좋은 비유는 좋은 농담과 같아서 요점을 파악할 수도 있고 파악하지 못할 수도 있다. 비유의 요점을 파악한다는 것은 말하는 자 예수의 세계에 들어간다는 것이요 그렇게 한다는 것은 하나님 나라에 의하여 영향을 받고 우리의 삶을 하나님께로 향하도록 변화함을 받는 것이다.

예수의 비유를 읽고 그 요점을 파악할 수 있는가? 농담처럼 비유도 그 뜻을 이해하면 뚜렷하여지고 이해하지 못하면 초점에서 벗어나게 된다. 하나님 나라에 영향을 받게 되면 하나님을 향한 삶을 살게 된다.

(Leander E. Keck)

준비

쿽 박사의 글에서 예수에 대한 마태복음의 독특한 표현이 무엇이며 또 회개에 대하여 어떻게 설명하고 있는지 주의 깊게 들도록 하라.

정보

복음서들은 예수께서 돌아가신 후 30-60년 후에 기록되었다.

각 복음서는 특수한 기독교인 집단을 위하여 기록되었다.

마태에 의하면 예수는 구약이 말하는 희망의 성취이다. 오직 마태만이 예수님은 자신이 율법과 예언서들을 성취하기 위하여 온 것이라고 주장하였음을 기록하고 있다.

마태복음에서 예수의 가르침의 중심 주제는 "회개하라, 하나님 나라가 가까왔다"는 것이다.

예수는 돌이킨다, 하나님께 향한다는 뜻으로 "회개"라는 말을 사용하였다.

세례 요한은 하나님 나라에 대비하기 위하여 회개하라고 외쳤다. 그러나 예수는 하나님 나라에 대한 응답으로 회개하라고 외쳤다.

예수는 하나님 나라의 모습을 보여 주는 이야기를 비유를 사용하여 말씀하셨다.

대화

마태복음은 예수를 어떻게 독특하게 표현하고 있는가? 회개란 무엇인가?

성경과 교재 (50분)

매일 성경을 읽을 때 적은 내용을 가지고 마태복음의 성격과 목적을 이해하도록 하라. 세 사람 혹은 네 사람씩 짝지은 후 다음의 질문들을 가지고 이야기를 나누도록 하라. 마태복음은 누가 기록하였으며, 언제 기록되었으며, 누구를 위하여 기록되었으며, 그 책의 주요 주제들은 무엇이며, 저자가 예수에 관하여 쓰고자 한 요점은 무엇인가?

신약성경의 역사적인 배경에 친숙하여지기 위하여 25과 끝에 있는 성경 역사 도표를 보도록 하라. 될 수 있는 대로 그 연대들을 외도록 하라. 연대와 사건들을 소리내어 읽어라. 지도자가 연대를 말하면 회원들로 하여금 관계된 사건을 말하도록 하라. 그런 후 반대로 사건을 말하면 연대를 말하도록 하라.

본과에서 제기하는 중요한 질문은 제자직에 대한 예수님의 근본적이고 독특한 요구가 무엇인가이다. 소그룹으로 나눈 후 산상수훈에서 그 답을 찾도록 하라 : (1) 마태복음 5:1-26; (2) 마태복음 5:27—6:4; (3) 마태복음 6:5-34; (4) 마태복음 7:1-28. 소그룹에서 개인적으로 예수님의 요구사항을 찾아보고 난 후 소그룹 전체가 찾은 것을 종합하라. 시간이 허락되면 전체 그룹에서 발표하도록 하라.

매일 노우트한 내용을 가지고 다음과 같이 질문하라 : 철저한 제자에 대하여 무엇이라 말하는가? 철저한 제자는 무엇에 관여하여야 하는가?

휴식 (10분)

말씀과의 만남 (25분)

성경구절 : 마태복음 20:1-16

한 사람으로 하여금 이 구절을 큰소리로 읽도록 하라. 이 구절은 하나님에 대하여 우리들에게 무엇을 말하여 주는가? 인간에 대하여 무엇을 말하여 주는가? 하나님과 인간과의 관계에 대하여 무엇을 말하여 주는가?

제자의 표 (20분)

제자들은 철저한 제자가 되라는 그리스도의 부름에 응답한다.

이 부분에 있는 질문들은 대답을 서로 나누기에는 너무 사적인 것이라고 생각할 수도 있겠으나 많은 사람들이 자신의 제자직이 어떤 위치에 있는지 서로 이야기하고 싶어할 것이다. 다음의 질문을 하라 : 교회는 왜 예수의 제자를 양성하려는 것보다는 교인수를 늘이는 일에 머무르려고 하는가? 연구지침의 이 부분에서 두번째 질문은 본과의 첫머리에서 설명한 "인간의 상태"에 연관된다. 그 설명을 함께 큰소리로 읽고나서 질문에 대답하라.

폐회기도 (10분)

19과를 열고 금주의 기도제목을 적어라. 성경 읽기는 다시 마태복음이다. 19과의 특별과제를 이행할 방법을 모색하라. 기도로 폐회하라.

19 그리스도를 둘러싼 논쟁

개회기도 (5분)

토의 시작 (20-25분)

마태복음에 소개되어 있는 예수님께서 왜 유대교 지도자들을 향하여 그처럼 혹독한 말을 하는가 이해하기 위하여 우리는 유대인이었던 예수의 제자들과 또 주후 70년 예루살렘 성전이 파괴된 이후의 유대교 회당에 관한 역사적 지식을 가져야 한다. 이전까지 예수를 따르는 사람들은 팔레스틴에 있는 여러 유대인 집단들 즉 바리새인, 사두개인, 사해사본을 만들어낸 사해의 수도승, 혁명적 열심당원들, 그리고 유대계 기독교인들 중의 한 집단이었다. 이들 사이에는 긴장과 경쟁이 있었으나 이들은 그런대로 서로 잘 지냈다. 그러나 주후 70년의 비극으로 끝나게 된 유대인의 대 로마 반란 이후로 사두개인들과 쿰란의 수도승들과 혁명적 열심당원들은 모두 자취를 감추게 되었다. 그리고 남은 것은 바리새인들과 유대계 기독교인들뿐이었다. 그러나 이때 바리새인의 지도자였던 사람들은 교사(랍비)가 되어 회당을 중심으로 하여 유대교를 재형성하려고 하였다. 유대계 기독교인들은 이들로부터 다른 이들을 적대시하는 유대교와 부딪치게 되었다. 이러한 상황에서 유대계 기독교인들은 예수가 가졌던 바리새인들과의 긴장관계를 강조하게 되었고, 자신들을 회당 중심의 유대교와 구분하기 위하여 예수님께서 말씀하신 반바리새적인 이야기에 동조하게 되었다. 다시 말하면 기독교인들은 바리새인에 대한 예수의 비판을 기억하고 그들이 함께 지닌 공통점을 간과하였다. 즉 마태복음은 교회와 회당의 긴장이 바리새인들과 예수의 긴장보다 더 강하였음을 반영하여 주며 예루살렘의 파괴는 유대인의 잘못에 대한 하나님의 징벌이었다고 생각하는 것 같다.

예수 자신이 바리새인들과 어떤 충돌을 가졌었는지 기록된 것이 없기 때문에 우리는 자세히 알 수 없다. 예수에 관하여 우리가 알고 있는 모든 것은 후기 교회의 필요성에 따라 추가된 것이다. 그러나 동시에 예수 시대의 바리새인들이 가지고 있던 전승과 전통도 그들의 영향력을 강화시키기 위한 랍비(교사)들의 필요성에 의하여 여과된 것도 사실이다. 그러므로 예수께서 부딪쳤던 유대교의 진면모를 분명히한다고 하는 것은 쉬운 일이 아니다.

그러나 몇 가지 분명한 것이 있다. 예수와 바리새인들은 모두 하나님의 뜻이 토라(율법) 특히 오경에 구체적으로 명시되어 있다고 믿었다. 그러나 바리새인들에게는 세 가지 특징이 있었다. 하나는 전이스라엘 민족을 율법에 복종하도록 하려는 그들의 열정이었다. 제사장들에게만 요구되었던 율법까지도 모든 사람에게 적용시키려고 하였다. 율법 속에 하나님의 백성은 하나님을 위한 제사장의 나라가 되어야 한다고 하지 않았는가? 둘째, 바리새인들은 고대의 율법이 새로운 상황에 적용되어야 하며 율법에 전적으로 복종할 수 있는 유일한 길은 율법이 요구하고 요구하지 않은 것을 정확히 아는 것에 있다고 생각하였다. 안식일에 일을 하지 않아야 한다는 것은 무엇을 의미하는가? 이에 대한 대답으로서 우리는 일의 정의부터 내려야 한다. 불을 피는 것도 일인가? 소를 먹이는 것도 일에 속하는가? 또 안식일은 어느 시각부터 시작되고 어느 시각에 끝이 나는가? 다른 말로 말하면 바리새인들은 율법학자들이 될 수밖에 없었다. 우리의 생활주변에서도 예를 들 수 있다. 수입세에 관한 세무청의 규제들을 생각하여 보자. 누군가가 수입에 대한 정의를 내려야 하며, 부양가족의 범위를 정하여 주어야 하며, 언제부터 부양가족의 범위를 벗어나게 되는지 정하여 주어야 한다. 누구든지 율법에 구체적으로 제시된 바대로 하나님의 뜻을 행하려 한다면 율법주의자가 된다. 바리새인들의 문제는 그들이 율법에 대한 이러한 세칙들을 부록이 아니라 율법 자체로 생각하였다는 데 있다. 그들에게 있어서 율법은 두 가지 형태를 가졌는데 모세의 책에 기록된 문서의 형태와 성경 교사들로부터 구전되어 내려온 세칙과 판례들이었다. 오늘날 변호사들이 케이스와 판례들을 찾듯이 바리새인들은 그들의 해석이 옳다는 것을 보여 주기 위하여 과거의 가르침들을 인용하였다.

그렇다면 예수와 바리새인들 사이의 문제는 무엇이었는가? 그들을 분리시켜 놓은 데에는 두 가지 이유가 있다. 첫째, 예수께서는 어떠한 행위가 옳고 의로우냐 묻기보다 율법을 어긴 행위냐 아니냐를 앎으로써 만족하는 것이 율법주의자의 생각이라고 보셨다. "나의 행위는 어디까지나 율법에 저촉되지 않는다"고 말함으로써 자기 행위를 변호하는 사람을 못마땅하게 생각하였다. 예수께서 간음죄는 간음행위를 하여야만 갖게 되는 것이 아니라고 하신 이유가 바로 여기에 있다. 그 반대도 역시 옳다. 즉 안식일에 대한 규율을 기술적으로 어긴다 하여도 안식일을 지킬 수 있고 그 목적을 달성할 수 있다. 바리새인들은 하나님의 뜻을 따르기 위하여 율법 이면의 진실성을 들추어내는 예수의 가르침과 행위 때문에 그들의 가르침에 타격이 많다는 사실을 잘 알았다. 여기서 파생된 것으로써 바리새인들의 눈에는 예수가 하나님의 뜻이 무엇인지 아는 것처럼 행동하였다는 사실이다. 바리새인 견지에서 볼 때에 예수는 하나님과 직통전화를 하는 사람처럼 행동하였다. 마태복음에서 바리새인들이 예수께 "누가 이 권위를 당신에게 주었느냐?"고 물은 것을 보고하였는데 그 이해가 간다. 물론 마태복음 독자들은 바리새인들이 알지 못하나 믿도록 권유받은 것이 무엇인지 안다. 그것은 예수에게 그런 권위를 주신 하나님이었다.

(Leander E. Keck)

준비

마태복음에서는 예수께서 유대교 지도자들을 대단히 비판적인 존재로 보았던 그 이유를 제시하고 있다. 켁 박사의 글에서 그 이유들을 포착하도록 하라.

정보

교회와 회당과의 충돌은 예수와 바리새인들 사이에 있었던 긴장보다 더 강하였다.

예수와 바리새인들은 하나님의 뜻이 토라(율법)에 명시되어 있다고 믿었다.

바리새인들은

●이스라엘 백성을 율법에 복종하게 하는 열정을 가졌었다.

●고대의 율법을 새로운 상황에다 어떻게 적용할 것인가 결정하는 율법학자들이 되었다.

●율법의 해석과 시행을 율법 자체로 간주하였다.

예수와 바리새인들을 구별하는 두 가지 요소 :

●예수는 법을 어겼는가 아닌가의 사실보다 그 행위가 옳은가 또는 공정한가에 관심을 두었다. 즉 하나님의 뜻을 위하여 법 이면의 진실성을 가늠하는 것을 중요시하였다.

●예수는 하나님의 뜻이 무엇인지 알고 있었던 것처럼 행동하였다.

대화

초대교회로부터 영향을 받은 마태복음이 예수와 바리새인 간에 긴장관계를 강조한 이유는 무엇 때문인가?

초대교회의 견해를 분명히 하기 위하여 예수와 바리새인들 사이에 서로 영향을 주고 받은 것들을 자세히 조사하는 것도 좋을 것이다.

성경과 교재 (50분)

본과에서 강조하는 것은 가치의 충돌, 종교적 논쟁, 그리고 정치적 충돌이다. 세 개의 소그룹을 만들어라. 매일 성경 읽기를 통하여 적은 노우트를 가지고 첫째 그룹은 가치관의 충돌에 대하여 보고하게 하고, 둘째 그룹은 종교적 논쟁의 증거자료를, 그리고 세째 그룹은 정치적 충돌의 증거자료를 각각 찾아 보고하게 하라.

예수가 어느 정도 위협이었는가 하는 것은 마태복음 26—28에 분명히 나타난다. 또 본 과의 요절인 마태복음 16:24-25의 메시지를 통하여서 26—28에 나오는 큰 사건들을 보라. 우리가 져야 할 십자가의 본질은 무엇인가?

만약 1세기의 종교적 집단들을 오늘날의 종교집단에 비교한다면 우리는 그들을 교회의 중진들이라고 부를 것이다. 다음 질문을 가지고 토의하라 : 어떻게 예수님께서 현대교회의 중진들과 싸우시고 계신가?

휴식 (10분)

말씀과의 만남 (25분)

성경구절 : 마태복음 26:69-75

모든 회원들로 하여금 이 구절을 조용히 읽도록 하라. 한 회원이 이 구절을 다시 읽을 때 소리를 듣는듯, 냄새를 맡는듯, 음식을 먹는듯, 손으로 무엇을 만지는듯 느껴 보아라. 짝지어 서로 느낀 것을 나누게 하라. 그날 밤 바깥 뜰에 앉아 있었다고 상상하여 보라. 그 때 무엇을 생각하였고 느꼈으리라 생각이 드는가? 서로 나누라.

제자의 표 (20분)

제자들은 기만과 가식을 버리고 세상과의 충돌과 긴장을 가져온다 할지라도 사람들을 제자로 만든다.

"인간의 상태"와 "제자의 표"를 읽어라. 예수님의 길은 우리의 생활방식을 바꾸도록 요청하기 때문에 위협을 준다. 공격받기 쉬운 제자의 생활은 "인간의 상태"에 기록되어 있는 내용에 어떠한 영향을 미치는가? 회원들로 하여금 "제자의 표"에 있는 질문에 답하도록 하라.

교사를 위한 글 : 본과의 마지막에 설명한 특별과제를 회원들이 어떻게 실천에 옮길 것인가 함께 계획하라.

폐회기도 (10분)

20과를 열고 금주의 기도제목을 적어라. 기도로 폐회하라.

20 숨은 메시야

개회기도 (5분)

토의 시작 (20-25분)

마가복음은 열 두 제자가 부름받음으로부터 참제자가 되기까지, 그리고 예수를 숨은 메시야로 이해하게 되기까지의 고통스러운 여정을 조심스럽게 엮은 책이다.

제자들의 신앙 여정의 첫단계는 예수가 누구인지 이해하려는 것이다. 마가복음 서두부터 8장 중반에 이르기까지 열 두 제자들이 예수의 비유와 교훈의 의미를 제대로 이해하지 못한 것을 우리는 볼 수 있다. 이러한 현상은 한두 번의 단순한 몰이해나 열 두 제자의 순간적인 취약성 때문에 일어난 것이 아니다. 예수께서는 거듭거듭 제자들의 이해부족을 책하신다. 4:13에서 예수께서는 "너희가 이 비유를 알지 못할진대 어떻게 모든 비유를 알겠느뇨?"라고 제자들에게 묻는다. 또 7:18에서 예수께서는 "너희도 이렇게 깨달음이 없느냐?"고 묻는다.

제자들의 몰이해는 숨은 메시야의 참사명이 무엇인지 깨닫지 못한 데 있었다. 그들은 자신들의 안보와 성공과 정치적 승리 등 자기 자신들에 대하여 큰 관심을 가지고 있었기에 씨뿌리는 자의 단순한 비유도 파악하지 못하거나 이 비유가 하나님 나라의 도래와 무슨 상관이 있는지 볼 수도 없었다. 그들의 관심거리는 예수의 관심과는 전혀 달랐다.

그들은 예수와 그의 사명을 둘러싼 영광만 보았지 닥쳐올 고난을 볼 수 없었기 때문에 그들의 시야는 어두워졌다.

열 두 제자의 여정에 있어서 둘째 단계는 결국 예수가 과연 메시야라는 사실을 그들이 인정하게 되면서부터 시작되지만 그들은 예수의 메시야의 본질을 제대로 이해하지 못한다.

마가복음 8에서 예수는 제자들에게 직선적으로 묻는다. "너희는 나를 누구라 하느냐?" 베드로는 "당신은 그리스도이십니다"고 대답한다. 이 대답을 통하여 제자들이 숨은 메시야를 바로 이해하는 것처럼 보인다. 그러나 예수께서 자신을 고난받는 메시야로 설명하였을 때 베드로는 그를 말린다. 예수께서는 자신을 고난받는 인자라고 한다. 그리고 제자로의 소명은 고난 가운데서 그를 따르는 것이라고 다시 명확히한다. 고난받는 인자를 인정한다는 것은 고난 가운데 숨은 메시야를 따르라는 부르심을 받아들이는 것이다.

제자들에게 있어서 고난받는 메시야라는 것은 낯선 개념이었다. 유대인의 전통에 의하면 메시야는 영광과 존귀 가운데 오시게 되어 있다. 메시야는 왕중 왕으로서 로마의 압박을 물리치고 이스라엘을 해방시켜 줄 승리의 전사로 오게 되어 있다. 그런데 고난을 받고 거부당하고 죽임을 당한다? 열 두 제자의 메시야 기대 속에는 이러한 것들이 자리잡을 수 없었다. 예수께서는 마가복음 8:34-38에서 "아무든지 나를 따라오려거든 자기를 부인하고 자기 십자가를 지고 나를 좇을 것이니라"고 제자들을 가르치신다.

여기서 다시 마가복음은 예수와 열 두 제자간의 이해의 차를 보여 준다. 예수께서는 메시야의 본질을 드러내기 위하여 고난의 길을 택하셨다.

그러나 야고보와 요한이 구한 것은 무엇인가? 10에서 그들은 "주의 영광 중에서 우리를 하나는 주의 우편에, 하나는 좌편에 앉게 하여 주소서"라고 예수께 간청한다. 예수께서는 "너희 구하는 것을 너희가 알지 못하는도다"고 그들에게 대답하신다. 그들은 그들의 요구에 뒤따르는 큰 희생을 보지 못하였다. 그들은 아직도 고난받는 메시야를 이해하지 못하였다. 그들은 이 땅에서 안전을 추구하였다. 예수의 변화산 경험 후에 예수께서는 그가 누구인지 사람들에게 말하지 말라고 제자들에게 당부한다. 예수께서는 앞으로 올 영광의 표를 보여 주셨지만 이것이 위험을 초래할 것을 아셨다. 열 두 제자들은 앞에 놓여 있는 것이 무엇인지 몰랐기에 예수의 메시야상을 왜곡시켰던 것이다.

마가복음 후반부에서 예수의 고난을 강조한 것은 마가복음 기자에게 있어서 고난받은 인자가 참 메시야임을 이해한다는 것이 얼마나 중요한가를 보여 준다.

이제 제자들은 고난과 십자가의 실체를 직면하게 된다. 그들의 신앙 발전에 있어서 이 세 번째 고통스러운 단계가 복음서를 완성시킨다. 예수는 예루살렘성 안으로 승리의 입성을 한다. 제자들의 기대는 절정에 다다른다. 예수는 영광스러운 왕이요 이제 그의 역할을 완성시킬 것이다. 그러나 예수는 체포되고 거부당하고 채찍을 맞고 결국 십자가에 달린다.

열 두 제자는 그들의 계획이 모두 수포로 돌아가게 되었을 때 어떻게 반응하는가? 14:50에 보면 "제자들이 다 예수를 버리고 도망하니라"고 기록되어 있다. 장로들이 예수를 거부하였듯이 제자들도 그를 거부하였다. 그들은 숨은 메시야의 고난을 받아들일 수 없었다. 마지막 거부는 베드로로부터 온다. 그가 공개적으로 예수를 부인하였을 때 그는 예수로부터 받은 고난의 소명을 거부한 것이다. 열 두 제자에게 있어서 숨은 메시야의 대가는 너무나도 높았다. 그들이 추구하던 위치와 권세를 얻기 위하여 너무나 큰 대가를 치루어야 하였다.

마가복음 기자는 열 두 제자의 이야기를 여기서 끝낸다. 그러나 숨은 메시야는 예수의 무덤을 찾아간 여인들에게 하나님의 참된 권세와 영광으로 나타나셨다. 부활의 능력을 개인적으로 경험함으로써 그들은 숨은 메시야의 본질을 이해하게 된다. 이 경험은 예수의 추종자들에게 있어서 새로운 시작이 되었다. 제자가 되는 길은 회개와 예수의 부르심에 응답함으로써 시작된다. 그것은 숨은 메시야의 권세와 고난을 충분히 받아들일 때에만 생길 수 있다. 우리는 열 두 제자의 이야기를 안다. 우리 자신의 이야기는 어떠한가?　(Dal Joon Won)

준비

예수님이 특이한 메시야이심을 제자들이 이해하지 못하는 이유를 생각하며 이 글의 내용을 들어라.

정보

신앙의 여정 : 제1단계
● 예수가 누구인가를 이해하려고 하라.
● 메시야의 참된 사명을 깨닫지 못하는 근본 무지;
　제자들은 예수의 고난은 보지 못하고, 예수와 그의 선교활동을 둘러싼 명예와 영광만을 보았다.
신앙의 여정 : 제2단계
● 제자들은 예수가 메시야임을 인식하였으나 계속 그의 메시야의 특성을 잘못 이해한다.
● 예수께서는 고난 속에서도 그를 따르라고 제자들을 부르신다.
신앙의 여정 : 제3단계
● 고난당하는 메시야를 따르는 데에는 큰 희생이 요구되었다.
● 숨은 메시야는 부활에서 나타난 하나님의 능력과 영광 속에서 증명되었다.

대화

제자들은 예수를 왜 잘못 이해하였는가? 우리가 이해하는 예수와 그의 철저한 제자가 되라고 부르시는 예수님을 비교하라.

성경과 교재 (50분)

마태복음과 마가복음에 어떤 이야기와 사건들은 두 복음서에 모두 기록되어 있고 또 어느 이야기와 사건들은 두 책중 어느 한 책에만 기록되어 있다. 이것을 비교 연구하라. 회원들로 하여금 성서사전이나 성경의 주를 사용하여 이러한 정보를 찾아내게 하라.

마태복음과 비교하여 마가복음이 주는 특수한 논조를 알기 위하여 회원들이 기록한 노우트를 서로 나누게 하라. 마가복음에 있어 긴박한 느낌을 주는 것은 무엇인가?

마가복음 3:16-19에 있는 제자들의 이름을 외게 하라.

예수님께서는 권능을 행하심으로써 하나님 나라를 선포하셨다. 학생용 교재 "성경의 가르침"에 있는 질문들에 대하여 서로 토의하라. 예수님께서 보여 주신 권능에 해당되는 언어들을 골라 보아라. 그런 후에 아래의 질문을 가지고 토의하라. 예수님의 권능과 그의 권능 사용방법에 대하여 예수님께 한 가지 질문을 한다면 당신은 무슨 질문을 하겠는가?

휴식 (10분)

말씀과의 만남 (25분)

성경구절 : 마가복음 9:2-13

한 회원으로 하여금 이 구절을 큰소리로 읽도록 하라. 다음과 같은 질문을 하라 : 베드로와 야고보와 요한처럼 당신 스스로가 예수와 함께 변화산위에 있다면 무엇을 생각하게 되며 또 어떻게 느껴질 것인가? 당신이 야고보와 요한이라면 베드로의 제의를 어떻게 받아들일 것인가? 이 구절의 의미를 서로 같이 나누어라.

제자의 표 (20분)

제자들은 그들의 선교가 자기를 부인하고 고난받는 것으로 이해한다.

본과의 주제를 같이 말하라. 그리고 나서 "인간의 상태"를 큰소리로 읽어라. 다음의 질문을 가지고 토의하라 : 고난과 자기 부정이 어떻게 복음으로 이해되고 경험될 수 있겠는가? 교재에 있는 질문에 대답한 것을 가지고 계속 토의하도록 하라.

사순절 동안에 성경반이 모이지 않는다 하여도 그 주간에 한 끼를 금식하여서 모은 돈으로 굶주린 이들을 위하여 음식을 사도록 계획하라.

폐회기도 (10분)

21과를 열고 금주의 기도제목을 적어라. 기도로 폐회하라.

21   잃은 자를 찾으시는 하나님

개회기도 (5분)

토의 시작 (20-25분)

누구든지 누가복음을 읽는 사람은 대접을 받는 기분이 든다. 독자들을 위한 영적인 가치는 나사렛 예수를 만나는 것이라고 누가복음은 간접적으로 이야기하고 있다. 교회는 예수의 생애를 사도신경에 "이는 성령으로 잉태하사 동정녀 마리아에게 나시고, 본디오 빌라도에게 고난을 받으사, 십자가에 못박혀 죽으시고, 장사한지 사흘만에 죽은자 가운데서 다시 살아나시며"라고 잘 요약하여 주었다. 그러나 누가복음에서 독자들은 예언자로서의 예수, 선생으로서의 예수, 복음 전파자로서의 예수, 치유자로서의 예수를 따르고 있다. 독자들은 예수님께서 그의 가족과 함께 계시고, 친구와 함께 계시고, 믿는 자들과 함께 계시고, 믿지 않는 자들과 함께 계시고, 혼자 계시는 모습을 보고 있다. 그러나 그 무엇보다 누가복음이 멋지게 독자들에게 보여 주는 것은 이야기를 말하여 주는 것이다. 초대교회의 학자였던 제롬은 누가복음을 가리켜 신약 중에 가장 아름답게 쓰여진 문학 책이라고 표현을 하였는데 이 표현에 반대할 사람은 아무도 없을 것이다. 복음을 전파하기 위하여 누가는 그 당시에 알려진 사상 전달 방법을 모두 사용하고 있다. 누가는 문학에 많이 쓰여지고 있는 이미지, 창작된 인물, 대화, 후렴, 선행하는 구절, 성격 묘사, 시 등 독자들이 알고 있는 다양한 문학 형태를 사용한다. 누가복음에 있는 비유들을 보더라도 많은 비유들이 누가복음에만 보전되어 있다 : 탕자의 비유, 과부와 재판관의 비유, 밤중에 찾아온 벗의 비유, 어리석은 부자의 비유, 부정직한 청지기의 비유, 선한 사마리아인의 비유, 바리새인과 세리의 비유, 부자와 나사로의 비유.

사람들을 즐겁게 하여 주기 위하여 누가복음이 쓰여진 것만은 아니다. 누가복음 서두에서 누가는 그의 독자 데오빌로에게 주제에 관하여 자기가 자세히 미루어 살핀 것을 쓰노라고 말한다. 말씀의 목격자와 일군된 자들이 전하여 준 것을 전한다고 하였다. 예수의 생애와 업적에 관하여 쓴 사람들이 많다고 하였다. 이와 같이 자세히 미루어 살핀 내용을 가지고 누가는 보충할 것은 보충하고 시정할 것은 시정하려고 차례 대로 썼다. 이렇게 쓰여진 책이 누가복음이다.

누가복음을 읽는 사람들은 그들이 기대하였던 것보다 더 넓은 세계를 체험하게 될 것이다. 예수의 생애는 모든 사람들의 삶과 직접 관계되어 있다는 것을 말하기 위하여 예수님의 족보가 아담에게까지 거슬러 올라간다. 예수의 생애와 교역은 예수님 당시의 인물이자 친척이며 인기가 좋고 영향력이 많은 광야의 전도자 세례 요한과 밀접한 관계를 가지고 있다. 신약성경의 다른 저자들과는 달리 누가는 예수님의 생애를 당시의 유대교 안에서 시작한다. 예수님의 생애를 통하여 일어난 할례, 봉헌, 열 두 살 되었을 때의 성전 방문, 30세 때의 공생애 시작 등이 다 구약에 의거한 내용이다. 안식일에 예수님께서는 정규적으로 회당에 참석하셨고 예루살렘에 있는 성전도 예수님에게는 예배의 장소로써 중요한 곳이었다. 예수님께서는 당시의 종교 지도자들과 논쟁도 많이 하였고 반대도 많이 하였지만 제도 밖에서 한 것이 아니라 제도 안에서 한 것이다.

누가복음에 의하면 예수님의 교역이 이사야서에서 비롯된다 : "주의 성령이 내게 임하셨으니 이는 가난한 자에게 복음을 전하게 하시려고 내게 기름을 부으시고 나를 보내사 포로된 자에게 자유를, 눈 먼 자에게 다시 보게 함을 전파하며 눌린 자를 자유케 하고 주의 은혜의 해를 전파하게 하려 하심이라." 사실 누가복음에 의하면 예수님의 전생애, 죽음, 부활이 모세의 율법, 예언자들의 예언, 그리고 이스라엘의 시편의 내용을 성취하신 것이었다. 그러나 이야기는 복음서 끝에서 끝나는 것이 아니다. 예수님께서 제자들에게 지시하기를 땅끝까지 이르러 증인이 되기 위하여 기도 중에 예루살렘에 머무르고 또 오는 성령을 받으라고 지시하셨다. 이와 같이 누가는 예수의 교역을 계속하는 교회를 이야기하여 주는 사도행전을 기다리는 마음의 자세를 독자들에게 제공하여 준다. 누가는 누가복음과 사도행전을 로마 제국의 폭넓은 정치, 사회, 종교의 견지에서 시작하였으며 수시로 황제와, 왕과, 총독들을 언급함으로써 연대와 사건들을 언급하였다.

물론 누가복음은 학교 교실에서 사용할 교재를 집필한 것이 아니다. 누구든지 누가복음을 읽는 사람은 영적인 여정에 오르게 된다. 누가복음이 보여 주는 예수님의 기도생활이라든가, 세례 받으심, 예루살렘으로 가시기로 결심하신 예수님의 모습, 잡혀서 돌아가시기 전날밤 겟세마네 동산에서 기도하시는 예수님의 모습, 그리고 마지막으로 십자가에서 돌아가시는 예수님의 모습은 독자들에게 큰 영향을 미친다. 누가는 예수님께서 하나님의 임재를 확신시켜 주고, 인도하여 주며, 능력을 부여하여 주는 성령을 체험하셨다고 말하여 준다. 누가는 기도와 신뢰 가운데 기다리는 사람들에게 똑같은 성령께서 오시리라고 반복하여 말하고 있다.

그러나 독자들에게 이 아름다운 말씀들은 칼날과 같다고 미리 주의를 하여 주기도 하였다. 누구든지 누가복음을 읽는 사람은 한 때 나사렛에서 온 예언자를 만나는 것 더 이상의 것을 체험하게 된다. 이 책을 읽는 사람은 베드로가 "예수의 무릎 아래 엎드려… 주여 나를 떠나소서"라고 간청하였던 고백에 동참하게 된다. 물질을 신뢰하는 사람들, 그들 자신의 선을 신뢰하는 사람들, 우월주의에 빠져 있는 사람들, 말과 행실이 어긋나는 사람들, 풍부히 가지고 있으나 남과 나누지 않는 사람들은 예수의 입에서 나오는 검같이 골수를 쪼개는 체험을 하게 될 것이다. 어쩌다가 누가복음을 읽는 사람들까지도 반복하여 정의와 자비를 요구하는 구절들을 간과할 수 없다. 예수님께서 태어나기 전에 그의 어머니 마리아는 하나님께서 높은 자를 낮게 하고 부자를 가난하게 만든다는 찬송을 부른다. 공정과, 폭력의 종식과, 옷을 나누어 입을 것을 세례 요한이 요구하였다고 누가복음은 말한다. 예수님께서도 가난한 사람과, 절름발이와, 앉은뱅이를 가리켜 하늘나라의 백성들이라고 종종 말씀하였다. 전통적으로 괄세를 받던 여자들도 예수님을 따르는 무리와 제자의 대열에 끼도록 예수님으로부터 우대를 받았다. 이것은 물론 당시 지도자급에 있던 사람들을 배척하였다는 이야기가 아니다. 예수님께서는 믿는 사람들과도 식사를 하셨고 믿지 않는 사람들과도 식사를 하셨으며 부자나 가난한 사람 모두에게 축복하여 주셨다. 잘못을 지적한 것 이상으로 예수님은 남을 생각하시고 동정하셨다. 누가에 의하면 부활하신 그리스도께서 모든 사람들에게 전파하신 말씀은 회개를 강요하셨을 뿐만 아니라 용서하여 주시겠다고 자비를 베푸시기도 하셨다. (Fred Craddock)

준비

누가가 예수에 대하여 독자들에게 알려 주고 싶은 내용은 무엇인가? 노우트하라.

정보

누가복음에서 우리는 예언자로서의 예수, 복음 전파자로서의 예수, 선생으로서의 예수, 치유자로서의 예수를 만난다.

누가는 예수의 족보를 아담에게까지 거슬러 올라간다.

누가는 예수의 생애가 당시 유대교에서 시작되는 것으로 본다.

예수는 당시의 종교 지도자들과 논쟁도 많이 하였고 반대도 많이 하였지만 제도 안에서 하였다.

예수의 교역은 이사야서에서 비롯된다.

예수의 생애, 죽음, 부활은 율법과, 예언과 이스라엘의 시편의 내용을 성취하신 것이다.

누가는 누가복음과 사도행전을 로마 제국의 폭넓은 정치, 사회, 종교의 견지에서 시작한다.

나사렛에서 온 예언자는 정의와 자비로 우리를 도전한다.

부활하신 그리스도의 말씀은 회개를 강요하실 뿐만 아니라 용서를 베푸신다.

대화

예수에 대하여 전혀 들어본 적이 없었다면 누가복음에서 예수에 대하여 배운 것은 무엇인가?

성경과 교재 (50분)

몇몇 비유들은 누가복음에만 있다. 이러한 비유들을 음미하기 위하여 몇 가지 비유를 찾아서 크게 읽어라. 다양한 독서법을 사용하라 : 즉 교독, 통성으로 읽기, 한 사람이 읽는 동안 다른 사람들이 듣는 방법, 회원들마다 한 절씩 차례로 읽는 방법, 등장 인물들과 설명자가 되어서 대사를 낭독하듯 하는 방법 등이다. 읽은 후에 회원들이 들은 메시지를 설명하게 하라.

요절인 누가복음 4:18-19을 사용하여 가장 작은 자, 가장 나중된 자, 잃어버린 자에 관한 누가복음의 강조점을 익혀라. 네 사람씩 팀을 짜서 누가복음 전체를 공부하고, 요절에서 말하듯 예수가 그의 사명을 어떻게 이행하였는가를 묘사하는 사건들을 뽑아내라.

팀들로 하여금 사람들이 왜 가장 작은 자요, 맨 나중된 자, 잃은 자인가 그 이유를 토의하도록 초대하라. 예수님은 이러한 이유들에 어떻게 답변하셨는가?

휴식 (10분)

말씀과의 만남 (25분)

성경구절 : 누가복음 16:19-31

한 회원으로 하여금 이 구절을 큰소리로 읽도록 하라. 이 구절을 읽는 동안 전에 들어보지 못한 것을 들은 것이 있는가? 소그룹으로 짝지어 다음 질문에 답하라 : 이 구절의 중심 메시지는 무엇인가? 오늘날의 기독교인들에게 이 구절이 주는 의미는 무엇인가? 이 구절이 나에게 요청하는 것은 무엇인가?

제자의 표 (20분)

제자들은 하나님 나라의 선교를 위하여 소자, 나중된 자, 그리고 잃은 자들을 위하여 모든 정열을 쏟는다.

"제자의 표"와 "인간의 상태"를 연결짓는 작업으로서 먼저 "인간의 상태"를 읽어라. "인간의 상태"에 적혀 있는 편견적인 태도를 찾아내어 토의하라. 회원들로 하여금 편안하게 살기를 원하는 우리들의 유혹과 소외된 자를 돌보라는 예수님의 말씀 때문에 생기는 긴장을 조용히 생각하게 하라. "제자의 표"에 있는 질문에 답하라. 우리 스스로를 소자, 나중된 자, 잃은 자의 위치에 놓는다면 예수님으로부터 원하는 것이 무엇일까?

폐회기도 (10분)

22과를 열고 금주의 기도제목을 적어라. 기도로 폐회하라.

22 　생명을 주시는 주

토의 시작 (20-25분)

본과의 요절인 "내가 온 것은 양으로 생명을 얻게 하고 더 풍성히 얻게 하려는 것이라"는 구절은 요한복음 1—12에 나타난 근본적인 주제를 잘 표현하여 준다. 예수님의 역할은 생명을 주는 자이다.

요한복음이 공관복음서와 다른 첫번째 특징은 예수님을 하늘의 존재와 세상의 존재로 묘사하고 있다는 사실이다. 실제로 예수님은 위에 있는 하나님의 나라에서 아래에 있는 인간의 세상으로 내려 오신 하나님의 말씀이다. 예수님께서는 인간으로서의 여정이 다 끝날 때 그는 전에 아버지와 함께 계셨던 곳으로 다시 돌아가신다. 하나님의 말씀으로서 세상에 오시고 다시 하나님께로 돌아가는 행로가 생명의 근원이 되는 것이고 또 그가 오신 사명의 근원이 되는 것이다.

비록 말씀이 세상으로 내려온 실제적인 방법을 서술하지도 않았고 또 언급도 않았지만 내려온 동기는 요한복음 서두에서 제일 뚜렷하게 나타나 있다. 요한복음 1:1-18에 있는 서두에서 저자는 하나님의 말씀의 모습을 소개하여 주고 있으며 이 말씀은 태초에 하나님과 함께 계셨고, 만물이 그로 말미암아 지은바 되었고, 그는 세상의 생명이었고, 아버지께서 그를 세상에 보내시어 나사렛 예수의 몸을 입게 되었다. 그와 마찬가지로 하늘로 올라간 실제적인 방법을 서술하지도 않았고 또 언급하지도 않았지만 요한복음의 설화들을 통하여 뚜렷이 나타나 있다. 이와 같이 독자들은 예수님께서 하나님으로부터 오셨고 다시 하나님에게 돌아가신다는 것이 궁극적인 목적이요 목적지로 되어 있다는 사실을 깨닫게 된다.

그러므로 요한복음에서 예수님은 영광으로 오시는 하나님의 말씀이요, 세상에서 또 세상을 향하여 하나님의 영광을 나타내시는 분이요, 다시 영광으로 돌아가시는 분이다.

요한복음이 공관복음서와 다른 두번째 특징은 위의 세상과 아래의 세상으로 두 개의 세상을 묘사하고 있다는 사실이다. 위의 세상은 진리, 빛, 은혜, 생명의 세상이요 아래의 세상은 거짓, 흑암, 죄, 그리고 죽음의 세상이다. 위의 세상은 하나님이 거하시는 곳이요 아래의 세상은 악이 통치하는 세계이다. 요한복음에서는 생명이 밖에서 세상으로 왔고 이 생명은 예수님을 통하여 세상에 선포되었을 뿐만 아니라 세상이 생명을 받아들이게 되었고, 그를 통하여 하나님께서 위임하신 사명이 전달되었고, 그의 말씀과 행위를 통하여 생명이 선포되고 사람들이 생명을 받아들이게 되었다.

이렇게 두 개의 아주 다른 세상을 다룬 후, 요한복음에서 아래의 세상이 대변하는 것과 예수님 사이에 긴장 관계가 팽팽하게 성립되어 있다는 사실을 발견하게 되는 것이 그리 놀라운 것이 아니다. 이와 같은 긴장 관계가 예수님의 전 생애와

선교를 통하여 계속되었으며 결국에 가서 세상이 그를 십자가에 달아 처형하게 된다.

요한복음이 공관복음서와 다른 세번째 특징은 세상에서의 예수님의 생애와 선교가 아주 다르게 전개된다는 사실이다. 공관복음에서는 예수님께서 단 한 번 예루살렘에 가셨다가 잡히시고 또 처형당하는 것으로 묘사되어 있지만 요한복음에서는 예수님께서 네 번 예루살렘에 가신 것으로 기록되어 있다. 실제로 예수님께서 예루살렘에 가실 때마다 그곳에서 거하시는 시간이 점점 길어지는 것을 볼 수 있다. 그 뿐만 아니라 예루살렘에 가실 때마다 세상으로부터 받는 저항이 점점 많아진다. 그 저항은 예수님의 행위와 권위에 대한 질문에서, 그를 체포하고 죽이려고 음모하는 모습에서, 마지막으로 체포하고 심판하고 처형하는 과정에서 잘 나타나 있다.

예수님께서 세상에 거하시는 동안 그가 계속하여 지역을 방문하는 것으로 요한복음에 묘사되어 있다. 이 방문은 예수님께서 세상을 향하여 생명의 메시지를 널리 퍼지게 할 뿐만 아니라 그가 오신 사명이 분명하여지면서 세상의 지도자들이나 대변자들과의 긴장이 상승되는 모습을 보여 준다. 요한복음에서 유대인들은 예수를 믿지 않고 적대심을 품은 세상의 대변인으로 묘사되어 있고 예수를 거부하는 사람들은 유대인이건 이방인이건 궁극적으로 세상을 대변하는 사람들로 표현되어 있다. 이 방문은 궁극적으로 예수님께서 세상의 손에 넘기어져 죽임을 당할 뿐만 아니라 부활하여 새 생명이 되는 길을 예비하게 된다. 다시 말하여 하나님으로부터 온 그의 사명은 영생과 풍성한 생명을 위하여 죽음까지 내포되어 있다는 사실이다.

그러면 요한복음에서 말하는 생명은 무엇인가?

첫째로, 하나님의 가치와 세상의 가치가 다르다는 이야기이다. 참 하나님과 하나님의 가치를 나타내시는 분은 예수님이시다. 예수님은 세상을 위한 하나님의 사랑을 증거하여 주시고 본인이 세상에 온 사명이 이 사랑의 본을 보여 주는 것이었다. 또한 예수님은 새로운 하나님의 사랑을 전파하셨는데 이 사랑은 근본적으로 새로운 가치관을 요구하며 새로운 비전에 입각한 새로운 삶을 요구하는 사랑이다.

둘째로 이와 같은 새 가치는 사회적이든 종교적이든 세상의 가치들을 대치한다. 생명을 가져 오시고 유일하고 진실하신 하나님과 하나가 되게 하시는 예수를 믿는 사람은 이 새 가치를 받아들이는 것이다.

● 나사렛에서 온 예수 안에서 하나님의 말씀이 성육신되신다. 그는 깨끗하지 못한 사람으로 취급받던 사마리아인에게, 과거의 죄로 인하여 무거운 짐을 진 여인에게, 앉은뱅이와 소경에게, 배우지 못하고 멸시받던 무리들에게, 그리고 이방인들에게까지 생명을 제공하여 준다. 모든 사람들이 하나님 나라를 보고 들어갈 수 있도록 초대받으며 모든 사람에게 새로운 하나님의 자녀가 되도록 초대하신다.

● 예수님은 하나님과 관계를 가질 수 있는 새 방안을 전파하신다. 그는 성전과 제사장 제도를 초월하시고, 희생제사와 몸을 깨끗하게 씻는 모든 규례를 초월하시고, 율법에 의거한 죄와 의의 개념을 초월하신다. 하나님의 자녀들은 아버지가 자녀들을 사랑하고, 듣고, 돕는 것처럼 하나님의 형상을 갖추고 있다.

● 예수님은 또한 사람들이 서로간에 새로운 관계를 가질 수 있도록 새 방안을 전파하신다. 그는 제자들의 발을 씻어 주면서 섬기는 역할을 보여 주신다. 그는 친구들을 위하여 자신의 목숨을 바친다. 그는 하나님께서 그들을 사랑하신 것처럼, 다른 사람들을 사랑하여야 한다는 새롭고도 근본적인 행실의 방침을 요구하신다.

● 마지막으로 예수님께서는 그를 믿는 사람들에게 희망을 주신다. 그는 하나님의 자녀들에게 성령이 주어질 것이며 죽은 후에 하늘 아버지와 함께 살 수 있는 소망을 준다.

결론적으로 예수님께서는 하나님의 자녀와 세상을 분명하게 대조하신다. 그를 믿는 자는 위로부터 났고, 죽음에서 생명으로 들어가며, 하나님의 자녀로 불리우는 생명을 주신다. 그는 하나님의 자녀로서 살아야 할 생활양태와 비젼을 수반하는 생명을 주신다. (Fernando F. Segovia)

준비

요한복음이 마태복음, 마가복음, 누가복음과 다른 특징들에 대하여 집중하라.

정보

예수님은 생명을 주시는 분이시라는 것이 요한복음의 근본 주제이다.

요한복음에서는 예수님께서 위에 있는 하나님의 나라에서 아래에 있는 인간의 세상으로 오셨다고 묘사한다.

예수님은 영광으로 오시는 하나님의 말씀이요, 세상에서 또 세상을 향하여 하나님의 영광을 나타내시는 분이요, 다시 영광으로 돌아가시는 분이시다.

요한복음은 전적으로 서로 다른 위의 세상과 아래의 세상을 묘사한다.

생명은 예수 안에서 예수를 통하여 세상 속으로 온다.

예수님께서 지역을 방문하실 때마다 그의 선교에 대한 반대하는 움직임이 증가되었다.

예수님께서 오신 사명은 영생과 풍성한 생명을 위하여 죽음까지 내포되어 있다.

하나님의 가치와 세상의 가치는 다르다고 예수님께서 말씀하신다.

예수를 믿음으로써 하나님의 가치를 받아들이는 사람은 생명을 얻는다.

대화

요한복음의 특징들은 무엇인가? 예수님께서는 어떠한 면에서 생명을 가져오시는 분이신가?

성경과 교재 (50분)

회원들이 읽고 연구하고 기록한 것에서 수집한 정보를 사용하여 요한복음의 성격을 찾아라. 요한복음이 다른 세 복음서와 달리하는 강조점, 어조, 그리고 목적은 무엇인가? 많은 사람들이 요한복음을 좋아하는 이유는 무엇인가?

예수님께서 본인을 가리켜 사용한 상징들은 생명을 유지하기 위한 것이다. 세 사람씩 짝지어 요한복음 1—12에 나오는 상징들을 찾아내고 각 상징들이 생명을 유지하는 방법들을 기록하게 하라. 그 소그룹에서 나온 대답을 나누도록 하라.

요한복음에 있는 예수와 사람들 사이의 대화들을 작은 희곡처럼 읽어라. 한 사람으로 하여금 요한이 되어서 낭독자가 되게 하라. 여기에 두 가지 가능성을 제시한다 : 그 첫째는 예수와 니고데모(3:21)의 대화이다. 니고데모는 당신이 알고 있는 어느 사람을 연상시키는가? 둘째는 예수와 마리아와 마르다(11:1-53)의 대화이다. 당신은 무덤 가에서 신앙을 찾거나 생명을 찾은 사람을 알고 있는가?

회원들에게 죄와 고난의 관계에 대한 질문을 하라. 이 주제에 관하여 소그룹 토의와 전체그룹 토의를 함께 병합하여서 지도하라.

휴식 (10분)

말씀과의 만남 (25분)

성경구절 : 요한복음 10:7-18

이 구절을 큰소리로 읽어라. 소그룹으로 나누어 이 구절을 공부한 후 자기들의 말로 다시 표현하여 보도록 하라.

제자의 표 (20분)

제자들은 예수 그리스도 안에서 생명을 체험한다.

"인간의 상태"를 큰소리로 읽어라.

"제자의 표"에 있는 질문들은 개인적인 답변을 요구하지만 어떤 이들은 자기가 쓴 답을 그룹 앞에서 이야기하는 것을 꺼려하지 않는 사람도 있을 것이다. 몇 사람의 응답을 들은 후에 "인간의 상태" 설명을 읽고 여기서 설명한 생명과 방금 발표한 회원들이 체험한 생명 사이의 대조점을 찾아 보라.

폐회기도 (10분)

23과를 열고 금주의 기도제목을 적어라. 기도로 폐회하라.

23 보혜사

개회기도 (5분)

토의 시작 (20-25분)

초대 기독교인들의 중심과제 중에 하나는 예수님께서 그들과 함께 계시지 않고 떠나가신 사실을 어떻게 이치에 닿게 설명하여 줄 수 있느냐는 문제였다. 요한복음은 다른 복음서들과는 달리 예수님께서 신앙의 공동체에서 떠나신 것을 더 광범하게 다룬다. 요한복음 14—17에 있는 이별사는 신약에 있는 예수님의 말씀 중에서 가장 긴 것이며 그 중심주제는 예수님께서 함께 계시지 않는 동안 제자들이 매일 살 수 있도록 준비하는 내용이다. 요한복음 14—17에 있는 예수님의 말씀은 아주 의미있는 목회 상담과 신학적인 심각성을 겸비한 것이다. 예수님께서는 위로의 말씀을 하실 뿐만 아니라 그를 따르는 사람들이 어려움을 당하게 될 때 마음에 근심하지 말고 하나님을 믿고 또 예수를 믿으라는 확신의 말씀을 하여 주신다.

예수님께서는 이 이별사에서 미래에 대하여 계속 말씀하신다. "이제 일이 이루기 전에 너희에게 말한 것은 일이 이룰 때에 너희로 믿게 하려 함이라"(14:29). "오직 너희에게 이 말을 이른 것은 너희로 그 때를 당하면 내가 너희에게 이 말한 것을 기억나게 하려 함이요"(16:4). 예수님께서는 제자들을 위한 미래의 생명을 위하여 지금 말하는 것이라고 분명하게 말씀하신다. 미래에 생길 사건에 대한 예수님의 말씀은 그가 계시지 않는 동안 제자들이 살 수 있도록 예수님께서 주시는 선물이다.

요한복음 14—17은 예수님께서 그들과 함께 계시지 않는 동안 신앙의 공동체를 붙들어 주시기 위하여 제자들에게 주는 약속의 선물이다. 그 선물은 성령이시다. 요한복음에서 성령은 보혜사, 대언자, 모사의 역할을 한다. 그러나 이 모든 역할은 신앙의 공동체를 위하여 부활하신 그리스도께서 임재하여 계시기를 바라는 공통적인 목적이 있는 것이다.

성령의 역할 중에 하나는 신앙의 공동체를 가르치는 것이고 "내가 너희에게 말한 모든 것을 생각나게 하시는" 것이다. 그러므로 부활하신 예수님께서 아버지께로 올라가실 때에 신앙의 공동체가 의뢰할 수 있는 것을 남겨 놓고 가시는데 (요한복음 20) 성령의 가르치심이 그 역할을 한다. 그것은 과거의 것을 현재에 생각나게 만드는 것이다. 이것이 바로 성령께서 가르치시는 것이다. 예수님의 말씀과 행위는 과거에 보관되어 머물러 있는 것이 아니라 성령의 도우심으로 신앙의 공동체와 오늘에 사는 사람들에게 새 생명을 전달하여 준다. 성령께서는 신앙의 공동체로 하여금 예수님의 가르침을 새롭고 생생하게 보존하도록 도와 주신다.

둘째로, 성령은 예수를 증거할 것이요 (15:26) 신앙의 공동체도 예수님을 세상에 증거할 것이다 (15:27). 요한복음에서

는 예수를 믿는다고 증거하는 것이 신앙 여정의 첫 단계이다. 세례 요한, 예수의 첫번 제자들, 사마리아 여인, 이 모두가 예수로부터 보고 들은 것을 증거하였다. 그리고 그들의 증거를 통하여 다른 사람들도 신앙을 터득하게 되었다. 성령께서는 예수님께서 지금 안 계셔도 증거의 활동이 계속되도록 보증하여 주셨다. 신앙의 공동체가 증거할 때 세상이 그 증거에 대하여 적대시할 때에도 성령께서 신앙의 공동체로 하여금 진리를 말할 수 있도록 도와 주실 것이다 (16:1-7, 7-11).

성령께서는 예수님의 것을 가지고 신앙의 공동체로 하여금 새롭게 전파하게 하시고, 이러한 전파를 통하여 예수님의 영광을 나타내게 될 것이다 (16:14-15). 성령의 임재는 신앙의 공동체로 하여금 하나님께서 예수 안에서 행하신 것에 대하여 찬양하고, 영광을 돌리고, 송영으로 화답하는 것을 의미하기 때문에 성령의 역할은 대단히 중요한 것이다. 그러므로 성령의 임재는 부활하신 예수님을 찬양하는 것이 중심 활동으로 되어 있어서 공동체의 예배 활동을 더 강화시켜 준다.

마지막으로 모든 성령의 역할의 기초가 되는 것은 성령께서 신앙의 공동체에 임재하신다는 사실이다. 예수님께서는 제자들에게 성령이 임하실 것이라고 반복하여 말씀하신다. "그가 또 다른 보혜사를 너희에게 주사 영원토록 너희와 함께 있게 하시리니"(14:16). "너희는 저를 아나니 저는 너희와 함께 거하심이요 또 너희 속에 계시겠음이라"(14:17). 하나님께서 성령과 예수님을 세상에 보내셨는데 이는 신앙의 공동체와 함께 하려 하심이요 또 어느 세대를 막론하고 성령을 통하여 부활하신 예수님께 똑같이 갈 수 있도록 하기 위함이다. 예수님께서는 육체적으로는 교회에 계시지 않지만 성령으로는 교회에 임재하고 계신다.

요한복음 16:12-13에서 예수님께서 "내가 아직도 너희에게 이를 것이 많으나 지금은 너희가 감당치 못하리라 그러하나 진리의 성령이 오시면 그가 너희를 모든 진리 가운데로 인도하시리니 그가 자의로 말하지 않고 오직 듣는 것을 말하시며 장래 일을 너희에 알리시리라"고 말씀하신다. 이 예수님의 말씀이야 말로 성령의 선물에 핵심이 되는 것이다. 실례로 우리가 18세 되었을 때 누구인가가 우리들로 하여금 30세 혹은 40세 혹은 80세를 살기 위한 진리를 말하여 준다면 우리는 그 진리를 이해하여 지탱할 수 없기 때문에 듣지 않으려고 할 것이다. 우리는 그러한 진리의 필요성을 느끼지 않기 때문에 그것을 이해할 수 없을 것이다. 이러한 절실한 필요성을 우리가 미리 알 수 있는 것이 아니기 때문에 미리 필요한 것들에 대한 후원도 받을 수 없고 협력도 받을 수 없다. 예수님께서는 이러한 사실을 아셨고, 예수님 대신 성령께서 함께 하시리라고 약속하여 주셨다. 성령의 임재는 믿는 사람들이 어떠한 어려움을

당할찌라도 보호하여 주실 것이다. 예수님의 말씀은 새롭게 전파될 것이며 새롭게 도움이 될 것이다.

요한복음에서 예수님이 주신 성령의 약속은 말로만 표현된 것이 아니다. 요한복음 20:19-23에서 모여 있던 제자들에게 부활후 처음 나타나셔서 예수님께서는 저희를 향하여 숨을 내쉬며 성령을 받으라고 하셨다 (20:22). 성령의 선물은 제자들을 위한 새 생명의 약속을 내포하고 있다. 성령의 선물이 새 생명을 위한 약속이 된다함은 뉘 죄든지 사하여 주어야 한다는 명령 때문이요 (20:23), 다른 사람들을 새롭게 대하여야 한다는 명령 때문이다. 그러므로 신앙의 공동체가 요한복음을 읽을 때 그 공동체는 예수님께서 성령을 약속하시는 음성을 들을 뿐만 아니라 부활을 통하여 성령을 주시는 예수님을 보게 되는 것이다. 요한복음 20:19-23에서 성령은 초대 믿음의 공동체에 실제가 되고 다른 믿는 이들에게 예수님께서 약속하신 진리를 가리켜 준다. 성령은 믿는 이들이 복음의 말씀을 새롭게 들을 때마다 신앙의 공동체에 나타나실 것이며, 부활하신 그리스도의 임재를 요할 때마다 성령을 체험하게 될 것이며, 하나님과 예수를 찬양하게 될 것이며, 용서하고 화해하여 주는 성령의 역사를 나누게 될 것이다. (Gail R. O'Day)

준비

예수님께서는 그가 안 계실 때를 대비하여 제자들을 위하여 어떻게 준비하시는가?

정보

요한복음 14—17에 있는 예수님의 이별사는 예수님께서 함께 계시지 않는 동안 제자들이 매일 살 수 있도록 준비하는 내용이다.

요한복음에서 성령은 여러 가지 역할을 지니고 있다.

●신앙의 공동체를 가르치는 역할;
●예수를 증거하고 신앙의 공동체가 예수를 증거하도록 도와 주는 역할;
●예수님의 것을 가지고 신앙의 공동체로 하여금 새롭게 전파 하는 역할;
●신앙의 공동체에 임재하는 역할.

하나님께서 성령과 예수님을 세상에 보내셨는데 이는 모든 믿는 사람들이 예수님께 똑같이 갈 수 있도록 하기 위함이다.

대화

예수님께서 함께 계시지 않는 동안 제자들은 어떻게 견디었으며 힘을 얻었는가?

성경과 교재 (50분)

서너 명씩 팀을 짜고 주어진 성경을 가지고 토론하기 위한 질문을 그들에게 제공하라. 네 가지 질문은 다음과 같다 : 예수께서는 보혜사의 역할을 무엇이라고 하셨는가? 예수가 그의 제자들과 이별할 때 제자들에게 약속한 것은 무엇인가? 제자들에게 무엇을 명령하였는가? 예수님은 제자들에게 앞으로 일에 대하여 어떻게 묘사하였는가? 그룹들은 매일의 노우트와 성경의 줄친 부분, 본과에 있는 주석 등을 모두 사용하여서 질문에 대답하여 보라.

요한복음 18—21은 예수의 수난에 대한 장면들을 포함하고 있다. 다음의 방법을 통하여 회원들이 수난의 메시지를 들을 수 있을 것이다 : (1) 전체 이야기를 다 읽을 때까지 돌아가면서 읽어라. (2) 한 사람이 한 장면씩 이야기하라. (3) 회원들로 하여금 이야기에 나오는 인물 중 하나가 되어 그 인물의 입장에서 이야기하게 하라. 성경 자료를 다음과 같은 부분으로 나눌 수 있다 : 요한복음 18:1-11; 18:12-27; 18:28-40; 19:1-16; 19:17-30; 19:31-42; 20:1-18, 20:19-31; 21:1-14; 21:15-25. 이러한 활동을 끝내고나서 회원들이 느낀 점에 대하여 이야기를 주고받도록 하라.

요한복음서 공부를 끝내기 전에, 요한복음이 어떻게 공관복음인 마태복음, 마가복음, 누가복음과 구별되는지 찾아 보라.

휴식 (10분)

말씀과의 만남 (25분)

성경구절 : 요한복음 13:1-20

한 회원으로 하여금 이 구절을 읽도록 하라. 짝지어 이야기의 내용과 결론을 찾아 보도록 하라. 그런 후에 지도자가 이 구절을 큰소리로 다시 읽을 때 회원들로 하여금 소리를 듣는듯, 눈으로 보는듯, 맛을 보는듯, 손으로 만지는듯 이야기를 들어라. 이야기에 들어 있는 모든 감각들을 열거하여 보라. 이 이야기를 듣는 동안 새롭게 깨달은 것은 무엇인가?

제자의 표 (20분)

제자들은 풍성한 영생을 마음속에 확신한다.

본과의 주제와 "인간의 상태"와 "제자의 표" 모두가 하나로 연결된다. "인간의 상태"를 큰소리로 같이 읽어라. "제자의 표"에 있는 질문에 답하라. 개인의 체험을 이야기하기를 원하지 않는 사람들은 이야기를 나누지 않아도 무방하다.

폐회기도 (10분)

24과를 열고 금주의 기도제목을 적어라. 기도로 폐회하라.

24 성령의 폭발적인 능력

개회기도 (5분)

토의 시작 (20-25분)

성경을 번역한 어떤 사람은 그가 신약의 사도행전을 번역하고 있을 때 마치 전기가 흐르고 있는 고압 전선줄을 다루는 전기 수리공처럼 느낀 때가 종종 있었다고 말하였다. 그가 말하는 것은 바로 성령의 놀라운 능력과 그의 임재를 의미한다. 우리는 때로 사도행전이 제5의 복음서라고 말한다. 우리는 마태복음, 마가복음, 누가복음, 요한복음을 가지고 있으며, 다섯 번째로 성령의 복음서를 가지고 있다.

이 메시지를 우리는 사도행전의 첫 문장에서 보는데 제3복음서의 저자이기도 한 사도행전의 저자 누가는 예수께서 성령을 통하여 그의 계명을 제자들에게 주셨다고 말한다. 또 예수께서 마지막으로 제자들을 떠나시려 할 때 성령의 능력을 받으라고 부탁하셨다. 성령을 받으면 내 증인이 될 수 있다고 하셨다.

사도행전의 등장인물들은 재미있을 정도로 서로 다르다. 베드로는 복음서에서 우리가 보아 알지만 성격이 급한 사람이다. 그는 오순절날 사람들 앞에 나서서 말한다. 다른 사람들이 베드로더러 설교를 하라고 하여 베드로가 나섰는지 아니면 그가 늘 하듯이 자진하여서 나섰는지 판단하기는 쉽지 않다. 바나바는 성경에 나오는 아름다운 인물들 가운데 한 사람이다. 그는 바울의 그늘 속에서 쉽사리 가리워진다. 그러나 바나바의 도움이 없었으면 바울은 그의 소명을 찾지 못하였을 것이다. 스데반은 그리스도 신앙을 지키기 위하여 첫순교를 당한 사람이요 빌립은 전도하기 위하여 사마리아로 내려갔다가 이디오피아 정부의 고관을 그리스도에게로 인도하는 데 성공하였다. 예수께서는 제자들더러 복음을 가지고 땅끝까지 가라고 하셨는데 빌립은 예루살렘을 벗어남으로써 예수의 명령을 따른 첫제자가 되었다.

여자들이 지도적인 위치에 설 수 없었던 그 당시 예수의 제자들 가운데는 여인들도 있었다. 예를 든다면 "선행과 구제하는 일이 심히 많던" 다비다같은 여자이다. 다비다는 다른 사람을 섬기는 자가 되라고 하신 주님의 부르심에 합당한 자였고 좋은 본보기가 되었다. 그래서 그는 특별한 면에서 지도자가 되었다. 브리스길라는 특별한 능력의 여인이었고 빌립의 네 딸들은 모두 예언의 능력을 가졌다. 자주장사 루디아는 빌립보에서 바울의 전도활동을 가능하게 하여 준 활동적인 여인이었다.

무엇보다 중요한 인물은 바울이다. 주관이 세며 영리하고 성격이 과격한 다소사람 사울은 기독교 역사에 위대한 공헌을 한 존재가 되었다. 그는 기독교의 첫핍박자였으나 하나님의 은혜로 가장 위대한 선교사가 되었으며 서구 신학자가 되었다. 그를 사랑하는 사람도 있고 증오하는 사람도 있겠으나 아무도 그를 무시할 수는 없다. 그의 생각과 반대의견을 가진 사람도 그와 논쟁하기 위하여서는 그가 말하고 있는 것이 무엇인지 알아야 한다. 바울 사상에 대한 다른 사람들의 해석을 가지고 논쟁을 벌여서는 안된다.

그러나 무엇보다도 사도행전은 성령의 책이다. 하나님의 영이 사도행전의 주인공이다. 책 초반에서 베드로와 요한은 배우지 못한 평민으로 소개되었는데 사실 바울과 아볼로를 제외한 초대교회의 교회 지도자들은 모두 평범한 사람들이었다. 바울 자신도 그의 회중들 가운데 권세자나 지혜자가 별로 없었다고 말한다.

그런 가운데서 하나님은 성령을 통하여 역사하셨으며 성령께서는 이처럼 모두 평범한 사람들을 통하여 활동하셨다. 오순절날 하나님의 영이 예수를 따르던 120문도 위에 내리셨을 때 그들은 전에 알지 못하였던 방언을 말하게 되었다. 누가는 기록하기를 예루살렘을 방문하고 있는 각 지방 사람들은 예수의 추종자들이 그들의 방언으로 말하는 것을 듣고 모두 기이히 여겼다고 하였다. 이처럼 극적인 현상은 아니더라도 사도행전 전체를 통하여 성령의 권능이 활동하고 있는 것을 우리는 본다. 초대 기독교인들은 어느 곳을 가든지 그 지방 사람들의 말을 사용하였고, 병든 자, 피곤한 자, 죄인들, 또는 고독한 자들에게 복음을 증거할 때 그들은 인간을 꿰뚫어보는 통찰력과 능력을 가지고 말하였다. 예수께서 설교를 하시거나 가르치실 때 군중들은 그가 권위있는 자와 같이 말한다고 하였다. 이제 예수의 추종자도 똑같은 권위를 가지고 말하고 있는 것 같다. 성령에 충만한 그들은 인간의 요구를 알고 그들에게 치유를 가져올 수 있었다.

누가는 사도행전 서두에서 그가 먼저 쓴 글 즉 누가복음에서 예수의 행적과 가르치심의 시작을 기록하였다고 말한다. 그처럼 누가는 예수의 지상목회는 시작에 지나지 않은 것임을 우리에게 알려 준다. 사도행전은 전 지중해 연안 세계에서 폭발되고 있는 예수의 권능을 보여 준다. 예수의 추종자들이 가는 곳마다 예수 자신이 그곳에 계신 것이나 다름이 없었다. 그들은 예수의 영을 지니고 있었고 예수의 영에 사로잡혀 있었다. 그러므로 그들이 가는 곳에 예수께서 임재하셨다.

그리고 분명한 것은 사도행전이 이 구속사의 전부가 아니라는 것이다. 초대교회에서 역사하신 성령의 능력은 오늘날도 하나님의 백성들을 통하여 역사하고 있다. 성령께서는 교회를 통하여 또 여러분과 나를 통하여 역사하신다.

(Ellsworth Kalas)

준비

칼라스 박사의 글에서 두 가지 강조점에 유의하여 말하여 주라. 성령의 역사의 도구가 된 사람들과 그들의 삶 속에서 역사하신 성령의 능력에 유의하라.

정보

사도행전은 성령의 복음서라고 생각할 수도 있다.

예수님께서는 성령을 받으라고 말씀하셨다.

사도행전에 나오는 인물들:

● 베드로—오순절에 모인 사람들에게 연설을 한 제자.
● 바나바—바울의 전도에 크게 영향을 미친 사람.
● 스테반—그리스도에 대한 신앙을 지키기 위하여 첫번째로 순교당한 제자.
● 빌립—예루살렘을 벗어나 복음을 전한 첫제자.
● 다비다—선한 일을 한 사람.
● 브리스길라—권능과 능력의 여인
● 루디아—정열적인 여성 사업가.
● 바울—위대한 선교사요 신학자.
● 하나님의 영—인도자

예수를 따르는 사람들은 예수의 영을 지녔고 또 영에 잡힌 바 되었다.

대화

사도행전에서 인상 깊게 만난 인물은 누구인가? 성령의 능력에 대하여 놀라운 사실을 깨달은 것은 무엇인가?

성경과 교재 (50분)

본과의 주제는 능력이다. 성령의 능력을 함께 기술하여 보라. 사도행전의 첫부분을 통하여 성령이 개인과 집단에 미치는 영향을 찾아 보라. 개인들의 삶이 어떻게 변화되었는가? 그들의 태도에 어떤 영향을 받았는가? 그들은 이러한 능력을 받아 무슨 일을 하였는가?

사도행전은 생동적인 인물들로 가득차 있다. 두 사람씩 짝지어 사도행전 첫부분에 나오는 한 인물을 지정하여 주고 그 인물이 등장하는 사건을 통하여서 그 인물과 함께 행동하게 하라. 그들은 사건들이 전개될 때 흥분, 능력, 감정, 그리고 그 인물의 반응 같은 것들을 감지하려고 노력하여야 한다. 그룹에게 자기들이 발견한 것에 대하여 전체 그룹 앞에서 이야기할 시간을 주라.

이스라엘의 역사 전체가 사도행전에서 다시 한 번 소개된다. 이 초대 기독교인들에게 문제가 된 것이 무엇이었는지 찾으려고 애쓰도록 하라. 그들은 유대교 내의 유대인들이요, 유대인의 역사 속의 일원이요, 그러나 예수의 메시지와 선교에 헌신하기로 작정한 사람들이다. 그러한 상태에서 기독교인들은 유대인 친구들과 어떠한 긴장상태가 조성되었는가?

지도를 준비하거나 회원들이 성경에 있는 지도를 사용하여서 기독교 운동이 이방세계로 들어간 것을 더듬어 보라. 두 사람씩 짝지어 초대 기독교가 유대교에서 벗어나 이방세계로 들어간 점을 지적하는 성경구절들을 살펴 보고 사건들과 관계된 사람들의 활동과 지역을 찾아 보라.

휴식 (10분)

말씀과의 만남 (25분)

성경구절 : 사도행전 4:32—5:11

전 회원들로 하여금 이 구절을 조용히 읽도록 하라. 다음의 질문을 하라 : 이 구절은 하나님에 대하여 무엇을 말하여 주는가? 인간에 대하여 무엇을 말하여 주는가? 하나님과 인간과의 관계에 대하여 무엇을 말하여 주는가?

제자의 표 (20분)

제자들은 성령의 임재와 성령의 능력을 체험한다.

본과의 "제자의 표"와 "인간의 상태"는 성령의 세례를 받음으로써 주어지는 능력을 기다리며 기도하는 생활의 중요성을 강조한다. "제자의 표"에 있는 질문에 답한 것을 가지고 서로 토의하라.

폐회기도 (10분)

25과를 열고 금주의 기도제목을 적어라. 기도로 폐회하라.

25 복음의 전파

토의 시작 (20-25분)

초대 기독교인들은 거의 불가능한 과업에 봉착하였다. 그들의 주께서는 복음을 들고 땅끝까지 가라고 그들에게 부탁하셨다. 이들의 대부분은 그들이 살고 있는 동네나 지역을 넘어서 본 적이 없는 사람들이었다. 그들은 바깥 세상을 알지 못하였기 때문에 바깥 세상으로 나간다고 하는 것은 그들을 두렵게 만드는 것이었다. 이들은 큰 기업체 사장에 의하여 국제관계의 대표로 채용될 수 있는 성격의 사람들이 결코 아니었다.

또 그들이 전하여야 할 메시지도 쉬운 것이 아니었다. 그들은 세상을 향하여 그들의 희망이 최근 십자가 위에서 죄인으로서 사형당한 유대의 떠돌이 선생 예수 안에 있음을 믿으라고 외쳐야 하였다. 기쁜 소식은 그가 하나님의 권능으로 죽음에서 다시 살아났으며 죽음의 권세를 영원히 깨뜨렸다는 것이었다. 그러나 누가 그것을 믿겠는가?

그러나 그들은 명령대로 땅끝까지 나아갔으며, 한 세대가 지나기도 전에 그들을 반대하는 적들은 그들이 세상을 뒤엎어 놓는다고 야단을 하게 되었다. 사실 그들은 세상을 뒤집어 엎어 놓은 것이 아니라 세상을 바로 놓고 있었던 것이다.

그러나 사실상 그들은 복음을 들고 밖으로 나가려고 서둘지 않았다. 그들은 긴밀한 관계를 이룰 수 있는 예루살렘에 안주하려고 하였다. 그러나 박해가 시작되면서 많은 사람들이 예루살렘을 떠나지 않을 수 없게 되었다. 따라서 그들은 어느 곳에 가든지 복음을 전파하였다.

여기에 놀라운 하나님의 섭리가 있다. 예수의 추종자들을 박해하는 데 큰 역할을 담당하여 그들로 하여금 예루살렘을 떠나게 하였던 사람은 다소의 사울이었는데 나중에 그는 바울 사도가 되었다. 그렇다면 바울은 자신이 선교사로서 나가기 전에 다른 선교사들을 이방에 내보냈다고 말할 수 있다.

이방 선교를 위하여 그들은 그들 나름대로 전략을 짠 것이 있었다. 이러한 전략은 어떤 위원회에서 결정한 것이 아니고 아마 바울의 머리에서 나왔거나 아니면 상식적인 판단에서 나온 것에 지나지 않았을 것이다. 하여튼 그들은 우선 큰 도시들을 찾아갔다. 예를 들면 아덴, 고린도, 빌립보, 베뢰아, 데살로니가, 로마와 같은 도시들이다. 이처럼 큰 도시에서 개종된 기독교인들은 주변의 작은 마을이나 시골로 퍼져 나가게 되었다. 이 계획이 성공한 것은 큰 도시마다 유대인들이 있었고 적어도 한 세대 동안은 기독교 선교사들이 유대교 회당에서 그들의 선교활동을 시작하였다.

이들에 대한 반대세력은 믿을 수 없을 정도로 컸다. 기독교는 수많은 신들과 철학사상이 존재하고 있던 문화 속에서 하나의 종교에 지나지 않았다. 이처럼 경쟁이 심한 상황에서 어떻게 그들이 복음을 전할 수 있었는지 의심스럽다. 초창기에 그들은 유대교의 한 종파처럼 인식되었다. 그들은 다수 중의 소수이었다. 그러나 그들의 다른 점이 드러나고 그들의 세력이 확장되면서 온갖 핍박이 생기게 되었다. 개종자들이 속출하게 되었고 이들의 생활에 큰 변화가 일어나는 것을 사람들은 볼 수 있었다.

예수께서는 그의 추종자들에게 세상 끝까지 가라고 부탁하셨다. 사도행전과 에베소서를 읽으면서 우리는 예수의 추종자들이 세계라는 용어를 새롭고 더 광범한 뜻으로 사용하였음을 알게 된다. 그것은 권력과 편견의 세계요, 증오와 원한과 분열의 세계였다. 그것은 다양한 이념과 문화형태의 세계였으며, 특별히 지적 논쟁과 영적 충돌의 세계였다.

사도들은 하나님께서 때를 이루시기 위한 계획을 가지고 계시다고 말하였다. 그것은 그리스도 안에서 하늘의 것과 땅의 모든 것을 연합시키는 웅장한 계획이다. 반대자들은 기독교인들이 세상을 뒤엎어 놓는다고 비난하였다. 그러나 바울 사도는 "세상이라니? 그것은 시작에 불과하다. 우리는 전우주를 가지고, 또 세대가 지닌 문제들을 가지고 씨름하고 있다"고 대답하는 것 같다.

다른 말로 하면 초대 기독교인들은 나사렛 예수를 단순히 그들의 선생과 주로 본 것이 아니라 하나님으로부터 파송을 받은 세계의 변혁자로 보았다. 그들의 관찰대로 우리의 우주도 뒤죽박죽이 되어 있다. 유대인과 이방인, 종과 자유자, 남자와 여자, 부자와 가난한 자 사이의 벽들이 이를 분명히 보여준다.

그러나 이러한 지상의 적들과 분열들은 죄로 인하여 찢어진 우주의 반영일 뿐이다. 그리고 그들은 이러한 단절에 대한 하나님의 영원한 대답으로서 예수님을 주신 것이라고 믿었다. 또 그들은 어느 때인가 하나님이 그 안에서 모든 것을 연합시킬 것이라고 말하였다. 그리고 그들은 이를 위하여 그들의 생명까지 바칠 준비가 되어 있었다.

이것이 곧 그들이 행한 것이다. 바울은 여기저기서 그가 지불하였어야 할 댓가를 말하여 주고 있는데 파선, 돌매질, 구타, 감금 등을 든다. 그러나 그의 고통의 열거는 오히려 영광의 기도문이 된다. 전승에 의하면 오직 요한만 빼놓고 모든 사도들이 처참한 죽음을 당하였다고 한다. 바울이 왕 앞에 서서 "당신도 이 쇠사슬 외에 나와 같이 되기를 바라오"라고 말할 수 있었던 것은 그러한 위대한 생을 가지고 있었기 때문이다. 이러한 의미에서 바울은 정복자였고 그것을 자신도 알고 있었다.

우리가 살고 있는 20세기 후반은 1세기의 상황과는 다르다. 우리는 자동차나 비행기로 여행을 하지만 바울은 발로 걸어 다녔거나 배를 타고 다녔다. 우리는 녹음기나 컴퓨터를 사용하지만 그 당시 바울은 그의 말을 원시적인 종이에 원시적인 잉크로 받아 쓰게 하였다. 우리는 라디오와 텔레비젼을 통하여 복음을 전파하지만 바울은 데살로니가의 길 모퉁이에 서서 설교를 하였다.

그러나 전하려는 이념과 과제는 예나 지금이나 동일하다. 우리는 하나님의 뜻을 이 그릇된 우주에 전달하려고 한다. 그리고 우리는 이 세상의 최상의, 그리고 유일한 소망 – 신약성경의 용어를 빌린다면 "피조물의 고대하는 바" – 은 예수 그리스도 안에 있다고 믿는다. 이러한 확신 속에서 우리는 사도행전에서 시작된 것이 계속되도록 바라고 노력한다.

(Ellsworth Kalas)

준비

초대 기독교인들이 세상으로 나아가라고 하신 예수의 명령을 어떻게 이행하였으며 세상을 어떻게 이해하였는지에 대하여 특별히 유의하라.

정보

제1세기 기독교인들의 과업은 무거운 것이었다 :
● 대부분의 기독교인들은 자기의 마을 밖을 나가 본 일이 없었다.
● 그들이 가지고 있던 메시지는 믿기가 어려웠다.

바울의 핍박 때문에 그들은 예루살렘을 떠나야 하였고, 복음이 세상에 퍼지게 되었다.

초대 기독교인들은 먼저 주요 도시들을 찾아갔는데 그것은 유대인들이 각 주요 도시에 있었기 때문이었다.

기독교 선교사들은 일반적으로 유대인들의 회당에서 전도하기 시작하였다.

초대 기독교인들은 유대교의 종파로 간주되었다.

에베소서는 '세상'을 더욱 폭 넓은 각도에서 보게 하여 준다.

기독교인들은 예수님께서 전 우주를 변화시키신 분으로 믿는다.

대화

복음을 전파하기 위하여 초대 기독교인들이 짜낸 작전을 우리는 어떻게 이용할 수 있는가? 우리가 세상을 지리적인 범위를 초월한 것으로 이해한다면 우리의 교역에 어떠한 영향을 미칠까?

성경과 교재 (50분)

제2차와 제3차 전도여행의 기사가 사도행전 15:36—18:23

에, 그리고 18:24—21:14에 있다. 성경을 읽으면서 이 두 차례의 전도여행을 추적하여 보라. 여행하면서 머물렀던 곳에 특별히 주목하고 또 바울의 일행이 멈추었던 곳에서 일어난 사건들과, 바울이 어느 특수한 장소에 머물렀던 목적과 그의 방문의 결과 등, 또 그 여행 자체에 대하여 특히 유의하라.

사도행전 21:15—28:31에 보고된 사건들의 성격과 그 순서가 꽤 복잡하다. 이에 대한 정보를 분명히 하기 위하여 다음의 질문을 사용하라. 그 사건들은 어떤 것이었는가? 사건들은 어떤 순서로 진행되었는가? 그 사건들과 관련되었던 문제들은 무엇이었는가? 복음전파에 영향을 준 사건들의 결과가 무엇이었는가?

바울은 사도행전 후반부의 중심 인물이다. 이 주간에 회원들이 읽고 연구한 것과 반에서 토의한 것들을 가지고 바울을 묘사하여 보라. 인간 바울, 유대인으로서의 바울, 선교사 바울, 그리고 바울의 동기와 메시지 등에 관하여 서술하여 보라. 그런 후에 두 사람, 세 사람씩 팀을 짜서 아래의 질문을 가지고 토의하라 : 어떤 점에서 바울은 그리스도의 제자인 우리들에게 모범이 되는가?

휴식 (10분)

말씀과의 만남 (25분)

성경구절 : 에베소서 1:3—2:10

이 구절을 서로 돌아가면서 한 절씩 읽어라. 개인적으로 이 구절에 대하여 공부하게 한 후 세 사람씩 짝지어 다음과 같은 질문을 가지고 토의하도록 하라. 이 구절은 하나님에 대하여 우리에게 무엇을 말하여 주는가? 인간에 대하여 무엇을 말하여 주는가? 하나님과 인간과의 관계에 대하여 무엇을 말하여 주는가?

제자의 표 (20분)

제자들은 사람들을 예수 그리스도에게로 인도하기 위하여 증거한다.

"인간의 상태"의 설명이 사람들의 경험에 정확한가 아닌가에 대하여 이야기하라. 우리는 다른 사람들에게 예수 그리스도를 증거하기를 꺼려하는데 어떻게 이것을 극복할 수 있는가? "제자의 표"에 각자가 쓴 것을 가지고 이야기를 나누도록 하라.

폐회기도 (10분)

26과를 열고 금주의 기도제목을 적어라. 기도로 폐회하라.

26 믿음으로 이루어지는 올바른 관계

토의 시작 (20-25분)

하나님을 신뢰할 수 있는가? 이 질문이 바울로 하여금 로마서를 쓰게 하는 동기가 되었다.

하나님을 신뢰할 수 있는가? 이 질문은 바울이 이스라엘과 맺은 언약의 계명을 지키지 않는 무할례자인 이방인들이 하나님의 은혜에 동참하는 사람들이라고 설교를 하고 있기 때문에 물결치듯 일어난 질문이다. 이방인들은 불결한 음식을 먹음으로써 하나님의 율법을 모욕하는 사람들이다. 또 그들은 토라(율법)가 명한 할례를 실천하지 않는 사람들이다. 하나님께서 선택한 백성인 이스라엘 사람들이 의롭게 살려고 애쓰지 않고 죄를 범하였으며 또 예수 그리스도의 죽음을 통하여 온 하나님의 은혜를 거절하였을 때 하나님께서는 이방인들을 기꺼이 받아들이셨고 더 나아가 그들이 의로운 사람들이라고 선언하셨다고 바울은 말하고 있다. 분명히 무엇인가 근본적으로 잘못되어 있다.

우리는 바울 당시 유대인의 입장에서 바울이 말하는 것을 들어 보면 하나님께서 임의로 마음을 바꾸신 것 같이 말하고 있다고 생각할 수 있다. 바울은 하나님을 한 아버지가 충성을 다하는 자식을 버리고 남과 싸우기 좋아하고 존경심이 결여된 낯선 사람을 위하여 그의 유산을 탕진하는 아버지와 비교하는 것처럼 보인다.

도대체 그 하나님은 어떤 하나님이신가? 만약 하나님께서 이스라엘을 향하여 그렇게도 변덕스럽게 행동을 취하신다면, 예수 그리스도를 통하여 약속된 구원이 일시적인 새 계획으로 인하여 취소되지 않는다고 우리가 어떻게 알 수 있단 말인가? 바울의 복음의 하나님을 정말로 신뢰할 수 있는가?

몇 년 전 본인이 대학을 갓 졸업하고 고등학교에서 영어를 가르치고 있었을 때 계획을 바꾸어 고등학교 졸업반 학생들에게 철학개론이라는 과목으로 로마서를 가르쳤던 적이 있다. 로마서를 가르치기 위하여 나는 그 서신을 새롭게 읽고 또 내용이 어떻게 정리되어 있는가를 이해하려고 노력하였다. 이 때까지만 하여도 로마서가 "하나님을 어떻게 알 수 있고," "어떻게 하면 구원을 얻을 수 있을까"에 대한 답변을 위하여 쓰여진 것으로 나는 이해하고 있었다. 물론 대답은 "행위로 말미암지 않고 믿음으로만 구원을 얻는다"는 것이었다. 로마서가 이 대답을 하기 위한 것이라면 바울은 그 질문에 대한 대답을 4장이 끝나기 전에 다하고 있다. 그런 후에도 로마서가 12장이나 더 계속된다. 왜 계속되었을까? 바울은 논쟁의 핵심을 다루기 원하였기 때문이다.

잘못된 전제 하에서 로마서를 이해하려고 하였기 때문에 나는 로마서가 이해하기 어려운 서신이라고 생각하였다. 즉 바울이 개인의 구원 문제에 초점을 두었다고 생각하였다. 그러나 사실인즉 바울의 관심은 더 광범위한 것에 있다. 그는 하나님의 우주적인 정의 문제를 다루고 있으며, 이스라엘을 향한 하나님의 성실성을 다루고 있으며, 하나님께서 태초부터 이스라엘에 약속하신 것을 예수 그리스도의 죽음과 부활을 통하여 어떻게 성취하셨나를 다루고 있다.

그렇기 때문에 바울은 로마서 1:2에서 "이 복음은 하나님이 선지자들로 말미암아 그의 아들에 관하여 성경에 미리 약속하신 것이라"고 편지 서두에서 말하고 있다. 바울이 쓴 어느 다른 서신들보다 로마서에서 바울은 이스라엘의 성경을 놓고 고전한다. 바울의 서신을 통털어서 89회에 걸쳐 구약을 인용하였다. 89회의 인용 중에 51회가 로마서에 있다. 왜 그렇게 많이 인용하였을까? 예수 그리스도 안에서 행하신 하나님의 행위는 하나님께서 이스라엘에게 약속하신 것과 일치되는 것이라고 바울은 강조하고 있기 때문이다.

로마서의 주제는 1:16-17에 잘 나타나 있다. 바울은 "복음을 부끄러워하지" 않는다고 말한다. 왜 복음을 부끄러워하여야만 하는가? 분명히 그는 수세에 몰려 있기 때문이다. 그는 하나님께서 이스라엘과 맺으신 언약을 부정하는 설교를 하고 있다는 도전에 답변하고 있다. 그는 "이 복음은 모든 믿는 자에게 구원을 주시는 하나님의 능력이 됨이라 첫째는 유대인에게요 또한 헬라인에게로다"라고 강조한다. 하나님의 완전하신 성실성을 언급할 때 우리는 유대인이나 헬라인을 동등하게 다루어야 한다. 유대인이나 헬라인이 다 죄인이요 거저 주는 예수 그리스도의 은혜로 의로워진다. 그의 논쟁을 끝맺는 15:7-13에서 바울은 "그리스도께서 하나님의 진실하심을 위하여 할례의 수종자가 되셨으니 이는 조상들에게 주신 약속들을 견고케 하시고 이방인으로 그 긍휼하심을 인하여 하나님께 영광을 돌리게 하려 하심이라"고 강조한다.

그러면 유대인이 된 특권이 무엇이란 말인가? 은혜를 더하게 하려고 죄에 거하여야 하는가? 법 아래 있지 아니하고 은혜 아래 있으니 죄를 지어야 하는가? 그런즉 우리가 무슨 말 하리요 의를 좇지 아니한 이방인들이 의를 얻었으니 곧 믿음에서 난 의요 의의 법을 좇아간 이스라엘은 법에 이르지 못하였으니 어찌 그러하뇨 (9:30-31)? 이 모든 질문은 하나님께서 이스라엘을 향한 그의 성실성에 초점을 둔 질문들이다. 결론적으로 이 질문은 로마서 11:1에 "하나님이 자기 백성을 버리셨느뇨?"라는 질문에 기초를 두고 있다. 바울의 대답은 "그럴 수 없느니라"이다.

그러면 바울은 왜 하나님의 신용의 여지를 재확인하여야 된다고 생각하였을까? 그 이유는 로마서 15에 나타나 있듯이 이방교회로부터 거둔 헌금을 예루살렘에 가는 길에 전달할 찰라에 있기 때문이다. 아마도 바울의 심중에는 이 헌금이 이스라엘의 하나님께 열방이 재물을 바치는 이사야의 환상을 성취하는 상징으로 생각하였는지도 모른다. 여하튼 바울의 심중에는 예루살렘에 있는 기독교인들이 이 헌금을 받을 것인지 안 받을 것인지를 놓고 염려한 것만은 분명하다. 로마서 3:8에서 바울은 "선을 이루기 위하여 악을 행하자"고 말한다. 로마서는 예루살렘 교회에 가서 복음을 방어할 바울의 초안이다.

그런가 하면 이와 같은 위험한 예루살렘 방문을 앞에 놓고 바울은 로마 교회에 기도를 요청하고 있다. 그리고 서바나로 가서 선교할 수 있도록 그들의 지원을 요청하고 있다. 로마에는 집에서 모이는 여러 개의 교회들이 있었음이 분명하다. 이 교회들의 구성 요원들은 유대인 출신과 이방인 출신으로 되어 있었다. 바울은 이 두 그룹이 합심하여 그의 교역을 지원하여 줄 제휴를 모색하고 있다. 그런 의미에서 로마서는 외교를 위하여 쓴 정밀한 서신이라 할 수 있다.

그러나 이 외교정책을 위한 반석과 같은 토대는 이스라엘의 하나님께서 세계의 구원을 위하여 예수 그리스도의 죽음 안에서 역사하셨다는 바울의 확신이다. 그러므로 "아무 피조물이라도 우리를 우리 주 그리스도 예수 안에 있는 하나님의 사랑에서 끊을 수 없다"(8:39). 예수 그리스도의 성실하심은 인간의 불성실보다 더 강하다. 그러므로 사랑으로 우리를 택하신 하나님을 우리는 신뢰할 수 있다.　　　　(Richard B. Hays)

준비

하나님을 신뢰할 수 있는가에 대하여 바울이 대답한 것에 유의한다.

정보

하나님을 신뢰할 수 있는가? 라는 질문이 바울로 하여금 로마서를 쓰게 하는 동기가 되었다.

하나님께서는 이방인들을 기꺼이 받아들이셨고 더 나아가 그들이 의로운 사람들이라고 선언하셨다고 바울은 말한다.

만약 하나님께서 이스라엘을 향하여 변덕스럽게 행동을 취하신다면 예수 그리스도를 통하여 약속된 구원이 일시적인 새 계획으로 인하여 취소되지 않는가?

바울은 예수 그리스도 안에서 행하신 하나님의 행위는 하나님께서 이스라엘에 약속하신 것과 일치하는 것이라고 강조한다.

바울은 이스라엘의 하나님께서 세계의 구원을 위하여 예수 그리스도의 죽음 안에서 역사하셨다고 확신한다.

대화

하나님은 신뢰할 수 있는 분이라는 것을 강조하기 위하여 어떤 논점들을 말하고 있는가?

기독교인이나 유대인에게 하나님을 신뢰할 수 있다는 이유가 왜 그렇게 중요한가?

성경과 교재 (50분)

성경반 회원들을 위한 복음의 메시지의 진술서가 되게 하기 위하여 로마서의 신학적 개념들의 목록을 다 같이 공동으로 작성하라. 이 목록을 작성하기 위하여 성경 토막들을 대충 다시 훑어 보아야 할 것이다. 그런 후에 짝을 지어 성명서를 하나 작성하여 보아라. 전체 그룹에다 성명서를 발표하라.

이스라엘의 재건 문제를 중심하여 진지한 토의를 하게 될 것이다. 이러한 토의를 하기 전에 9—11을 계속하여서 크게 읽어라. 다시 처음으로 돌아가서 한 번에 한 장씩 다시 보아라. 회원들로 하여금 해설이나 질문을 하게 함으로써 더 토의하도록 하라. 이러한 방법으로 세 장을 끝낸 뒤에 교재에 있는 이스라엘의 회복에 관한 부분을 읽어라. 여기서 포착하여야 할 가장 중요한 가르침은 "감람나무"에 접붙힘을 받은 "돌감람나무"로서의 우리(이방인 기독교인)의 역할이다. 그것이 무엇을 의미하는가?

휴식 (10분)

말씀과의 만남 (25분)

성경구절 : 로마서 4:13—5:5

한 회원으로 하여금 로마서 4:13-22까지 읽게 하고 다음 회원은 4:23—5:5을 읽도록 하라. 이 구절은 하나님에 대하여 우리들에게 무엇을 말하여 주는가? 인간에 대하여 무엇을 말하여 주는가? 하나님과 인간과의 관계에 대하여 무엇을 말하여 주는가?

제자의 표 (20분)

제자들은 예수 그리스도 안에 나타난 하나님의 용서하시는 사랑을 받아들이고 신뢰하며 사랑과 감사함으로 봉사한다.

"인간의 상태"를 큰소리로 읽어라. "인간의 상태"가 실제로 우리의 경험을 말하고 있는지 서로 토의하라. 용납하고 신뢰하는 것이 "인간의 상태"에 적혀 있는 것과 어떠한 관계를 가지고 있는가? "제자의 표"에서 회원들이 답한 것을 서로 나누어라.

교사를 위한 글 : 바울서신 공부를 시작할 때 바울 서신의 구조에 대하여 주목하라. 다음 몇 주간 동안 이것을 공부하도록 제시하고 29과를 공부한 다음에 다시 본과로 돌아올 것을 예고하라.

폐회기도 (10분)

27과를 열고 금주의 기도제목을 적어라. 기도로 폐회하라.

27 격동 속에 처한 교회

개회기도 (5분)

토의 시작 (20-25분)

고린도시는 무역과 여행자들을 위하여 동서를 연결시켜 주는 좁은 지협에 위치한 분주한 도시였다. 격년으로 거행되었던 지협 운동 경기대회에는 희랍에서 많은 선수들을 보냈다. 장막과 가죽업에 종사하던 바울은 고린도에서 복음을 전하는 동안 그의 상품을 팔 수 있었다. 바울이 시작한 고린도 교회에는 돈이 많은 상인도 있었고, 무역을 하는 사람들이 있었는가 하면 가난한 노동자들과 노예들도 있었다. 교회에 속한 부자들은 기도와 성만찬을 위하여 그들의 집을 제공하여 주었다. 20명에서 30명이 이러한 집에 들어갈 수 있었다. 고린도, 로마, 그리고 안디옥과 같은 도시에는 여러 개의 기독교인 모임들이 있었다. 이와 같이 사회적으로, 문화적으로, 인종적으로 다양한 사람들이 모였기 때문에 거기에는 분쟁과 오해가 있었다는 사실에 대하여 조금도 이상하게 생각할 필요가 없다.

바울은 두 개의 간단한 원리를 적용하였다. 첫째 원리는 기독교인은 예수님과 관계되어 있다. 예수님께서는 모든 사람을 위하여 돌아가셨기 때문에 어느 누구도 자신이 다른 기독교인보다 더 훌륭하다고 말할 수 없다. 고린도 교회 사람들은 자기들의 종교적인 성취를 놓고 자랑하는 경향이 있었다. 어떤 사람들은 자기들에게 세례를 준 사도가 다른 사도보다 훌륭하다고 자랑하였다. 그들은 박력있고 능력있는 설교를 놓고 사도들을 평가하였다. 그들은 복음의 메시지가 당시의 철학과 경쟁하기를 원하였다. 그러나 복음은 인간의 지혜와 경쟁할 수 없다. 복음은 인간이 원하는 기적을 베풀 수도 없다. 복음은 그리스도의 십자가에 기반을 두고 있는 것이기 때문에 인간의 표준으로는 항상 우수꽝스러운 것이 될 것이다.

"유대인들은 표적을 구하고 헬라인은 지혜를 찾으나 우리는 십자가에 못박힌 그리스도를 전하니 유대인에게는 거리끼는 것이요 이방인에게는 미련한 것이로되 오직 부르심을 입은 자들에게는 유대인이나 헬라인이나 그리스도는 하나님의 능력이요 하나님의 지혜니라 하나님의 미련한 것이 사람보다 지혜 있고 하나님의 약한 것이 사람보다 강하니라"(고린도전서 1:22-25).

예수님의 십자가와 부활은 영웅의 이야기가 아니다. 십자가와 부활은 가장 약한 자를 사랑하고 그를 위하여 고난받고 죽으신 하나님의 아들의 이야기이다.

두번째 원리는 기독교인과 기독교인 간의 관계이다. 모든 경우에서 우리가 남을 어떻게 대하여야 될 것인가의 표준은 사랑이다. 고린도 교회 사람들에게는 많은 질문들이 있었다.

어떤 사람은 성적으로 부도덕한 생활을 하고 있었다. 어떤 사람들은 결혼을 하여서는 안된다고 생각하는 사람들도 있었다. 어떤 사람들은 우상에게 바쳤던 고기를 믿지 않는 친구와 함께 먹어도 된다고 생각하였다. 어떤 사람들은 우상에게 바쳤던 고기를 시장에서 사서도 안된다고 생각하였다. 그러나 고린도 교회 교인들의 예배라고 더 나은 것은 없었다. 성만찬 때 부자들은 좀 일찍 와서 배가 잔뜩 부르게 포식하였다. 나중에 온 가난한 사람들은 먹을 것이 없었다. 방언과 예언을 하는 사람들은 경쟁심에서 예언을 하고 방언을 말하였다. 그렇기 때문에 사랑의 주제가 고린도서를 꿰뚫고 있는 것이다. 기독교인은 가정을 포기할 수 없고 직장의 책임을 포기할 수 없다. 그들은 어떠한 책임을 맡고 있든지 간에 사랑하는 마음으로 하여야 한다. 기독교인들은 무엇을 하든지 간에 주님과의 관계를 반영하고 있다는 사실을 기억하여야 한다. 바울은 기독교인들이 가져야 할 행위에 대하여 다음과 같이 충고한다.

"누구든지 자기의 유익을 구치 말고 남의 유익을 구하라"(고린도전서 10:24)

"그런즉 너희가 먹든지 마시든지 무엇을 하든지 다 하나님의 영광을 위하여 하라 유대인에게나 헬라인에게나 하나님의 교회에나 거치는 자가 되지 말고 나와 같이 모든 일에 모든 사람을 기쁘게 하여 나의 유익을 구치 아니하고 많은 사람의 유익을 구하여 저희로 구원을 얻게 하라 내가 그리스도를 본받는 자 된 것 같이 너희는 나를 본받는 자 되라"(고린도전서 10:31—11:1).

사랑에 대한 바울의 가장 유명한 말은 고린도전서 13에 있다. 바울은 고린도 교회에서 마음을 합하고, 서로 권면하고, 사랑하라고 권면하고 있다. 오늘날 많은 기독교인들은 이 바울의 말씀을 그들의 결혼을 위하여 사용하고 있다. 바울의 이 말씀을 생활 전역에 적용하여야 한다는 사실을 우리는 깜박 잊은 것 같다. 기독교인들의 삶에 목표가 있다면 이 사랑의 정신을 개발하는 것이다. 비록 자신에게 있는 모든 것을 내어 주고 또 자신의 몸을 내어 준다고 할찌라도 사랑이 없으면 아무 유익이 없다 (13:3). 고린도 교회의 어떤 교인들은 예언을 하고 방언을 한다고 그들이 다른 기독교인들보다 우월하다고 생각한 것 같다. 이러한 사람들에게 사랑과 관계된 미덕을 상기시켜 주었을 때 그것이 큰 충격이 될 수 밖에 없었다.

"사랑은 오래 참고 사랑은 온유하며 투기하는 자가 되지 아니하며 사랑은 자랑하지 아니하며 교만하지 아니하며 무례히 행치 아니하며 자기의 유익을 구치 아니하며 성내지 아니하며 악한 것을 생각지 아니하며 불의를 기뻐하지 아니하며 진리와 함께 기뻐하고 모든 것을 참으며 모든 것을 믿으며 모든 것을 바라며 모든 것을 견디느니라 사랑은 언제까지든지 떨어지지 아니하나 예언도 폐하고 방언도 그치고 지식도 폐하리라"(고린도전서 13:4-8).

고린도 교회에 문제가 많이 있었어도 바울은 복음의 진리의 핵심에서 눈을 돌리지 않았다. 그것은 예수 그리스도 안에 나타난 하나님의 사랑이었다. 바울은 고린도 교회 교인들의 삶에서 그 사랑을 실천하여야 한다는 사실을 잊지 말라고 하였다.　　　　　　　　　　　　　　　　(Pheme Perkins)

준비
고린도 교회의 성격과 바울의 두개의 원칙에 유의하라.

정보
고린도 교회에는 상인, 무역업자, 가난한 노동자, 노예들이 있었다.

교인들은 기도와 성만찬을 위하여 가정에서 모였다.

바울은 두 개의 원칙을 적용한다.
- 예수님의 십자가와 부활
- 우리가 남을 대할 때 사랑이 표준이 됨

그리스도의 십자가에 기반을 둔 복음은 인간의 표준으로는 항상 우스꽝스러운 것이다.

기독교인들은 무엇을 하든지 간에 주님과의 관계를 반영하고 있다는 사실을 기억하여야 한다.

대화
고린도 교회의 구성 요원은 누구인가? 바울의 두 개의 원칙은 무엇이었으며 그 내용은 무엇인가?

성경과 교재 (50분)
회원들 가운데 고린도에 관하여 연구한 이들이 있으면 먼저 그들이 연구 조사한 보고를 들어라.

고린도서신들이 제1세기 개체교회가 당면한 문제들을 다룬 것이라고 할지라도, 그 서신에서 회원들은 오늘날 교회 안에서 일어나는 비슷한 문제들을 찾아낼 수 있을 것이다. 회원들로 하여금 유사점을 제시하게 하라. 바울이 고린도 사람들에게 한 권면이 어떻게 현대 교인들에게도 좋은 충고가 되는가?

우리는 고린도서에서 세 가지의 주요한 화폭을 볼 수가 있다 : 바울의 그림, 복음의 메시지의 그림, 제1세기 개체교회의 그림이다. 각 그림 속에는 무엇이 있는가? 이 질문에 대답하기 위하여 세 그룹을 만들고 각 그룹이 세 가지 그림 중 하나씩 선택하게 하라. 각 그룹은 자기 그룹의 그림을 말이나, 행동이나, 그림이나, 음악이나, 그밖의 다른 형태로 표현할 수 있다.

본과의 주제는 "사랑"이다. 왜 이 말이 고린도 교회와 현대의 개체교회에게 그토록 중요한가?

고린도전서 13과 15는 모든 기독교인들의 귀에 익은 메시지인데 구절을 읽을 때마다 우리는 큰 감동을 받는다. 교독문 형식으로 크게 소리내어 읽거나, 한 사람이 크게 읽고 다른 사람들은 듣게 할 수 있다. 들으면서 다음의 질문을 해 보라 : 당신은 무엇을 들었는가? 당신은 무엇을 생각하였는가? 당신은 무엇을 느꼈는가?

휴식 (10분)

말씀과의 만남 (25분)
성경구절 : 고린도전서 10:1-13 혹은 3:1-23

한 회원으로 하여금 이 구절을 큰소리로 읽게 하라. 회원들로 하여금 이 구절을 자기들의 말로 다시 바꾸어 쓰게 하라. 자기들이 쓴 것을 발표하게 하라.

제자의 표 (20분)
제자들은 사랑한다.

사랑은 본과의 주제인 동시에 "제자의 표"이기도 하다. 사랑의 실천이 "인간의 상태"와 어떻게 관계되어 있는가?

"제자의 표"에 있는 질문들 가운데 어느 것이 공개토의에 적당한가를 결정하라. 지금쯤은 회원들 사이에 서로의 신임도가 높아져서 좀더 개인적인 질문일지라도 서로 터놓고 토의할 수 있을 것이다.

폐회기도 (10분)
28과를 열고 금주의 기도제목을 적어라. 기도로 폐회하라.

28 우리를 자유케 하시는 아들

개회기도 (5분)

토의 시작 (20-25분)

갈라디아서는 화가 한창 나 있고 실망하고 있을 때에 쓰여진 편지이다. 바울은 문안의 인사를 한 후 관례적으로 감사의 말을 하는데 이 편지의 서두에서는 그것이 삭제되어 있다. 서두에 나타나 있는 감정이 편지 전체에 나타나 있다. 이 바울의 감정은 "내가 이상히 여기노라"(1:6), "헛될까 두려워 하노라"(4:11), "의심이 있음이라"(4:20), "나를 괴롭게 말라"(6:17)라는 표현으로 나타나 있다. 바울은 그의 독자들이 어리석고(3:1) 그들을 부르신 이를 속히 떠나는 사람들이라고까지 말하였다. 갈라디아에는 무엇인가 잘못되어 있음이 분명하다.

바울은 이방인 출신으로서 기독교인이 되기를 원하는 사람들에게 할례의 복음을 전하는 유대계통의 기독교인과 싸워야 하였다. 그들은 바울의 교역과 사도직을 도전한 사람들이었다. 그러므로 갈라디아서는 두 개의 큰 문제를 다룬다. 첫째는 바울의 사도직의 성격과 권위문제요, 둘째는 기독교인의 자유와 모세의 율법 문제이다. 이 두 문제는 서로 연관성이 있는 문제들이다.

바울의 사도직

바울은 다메섹 도상에서 주님을 만나는 체험을 한 이래로 전에 바울로부터 핍박을 받은 사람들로부터 의심을 받았다. 예루살렘 교회의 지도자들도 바울을 신뢰하지 않았다. 그러나 바울은 그들과 상의하는 것이 중요하다고 생각하였다. 그것은 그들의 인준이 필요하기 때문이 아니었고 일관성 있는 신앙을 전하는 것이 효과적이라고 생각하였기 때문이다. 그리고 바울은 그의 개인의 삶과 이방 세계에서 경험한 복음이 주는 자유의 진리를 예루살렘 교회 보수주의자들에게 전달하라는 계시를 받았다.

그의 사도직을 의심하는 사람들에게 그가 부름을 받은 것은 그리스도의 계시로 말미암은 것이지(1:12) 사람의 뜻에 따라 온 것이 아니라는 것을 알려 주기 원하였다(1:12-17). 그는 계시 때문에 예루살렘에 갔고, 계시 때문에 이방에 갔으며, 기독교인이 되기 전에 유대인이 되어야 한다고 주장하는 사람들과 복음을 타협하지 않았다.

어느 때 바울은 예루살렘에서 온 유대계 기독교인 때문에 이방인들과 음식을 같이 먹기를 기걸한 베드로에게 이의를 제기하였다. 베드로는 유대인의 규례를 이방인에게 강요하였다(2:11-14). 베드로를 향한 바울의 비난은 그의 사도직에 대한 도전을 더 초래하게 되었으며 "복음의 진리"를 환기시키게 되었다 (2:14).

바울이 갈라디아서를 쓰게 된 두번째 이유는 예수 그리스도의 복음에서 체험한 자유를 방어하는 것이었다. 바울은 예루살렘의 전도자들이 갈라디아 교인들을 유대인의 율법을 지키도록 강요하는 것을 반대한다. 하늘에서 온 천사가 복음을 전한다고 할찌라도 그들을 따라서는 안된다고 바울은 변론한다. 바울은 유대인이든 이방인이든 사람이 구원을 얻게 되는 것은 율법의 행위에서 나는 것이 아니요 믿음으로 말미암은 것이라는 사실을 알려 주기 원하였다 (2:15-21). 갈라디아 교인들은 그들이 들은 복음을 성경의 약속과 연결을 시키지 못하였기 때문에 어리석은 사람들이었다.

바울은 아브라함이 부름받은 것과, 그의 믿음과, 하나님께서 그를 축복하신 것과, 그가 하나님께 순종한 이유 때문에 의로워졌다는 이야기를 생각하면서 믿음을 가진 모든 사람들은 하나님의 약속에 기반을 둔 아브라함의 믿음을 나눌 때 사실상 축복을 받은 것이라고 변론하였다 (3:6-9). 의롭다 칭함을 받는 것은 하나님과 이웃과 바른 관계를 갖는 것을 의미한다. 남을 축복한다는 것은 남에게 권한을 부여하여 줄 용의가 있음을 보여 주는 것이다. 이 축복은 믿음으로만 충당될 수 있으며 바울에게는 이 축복이 하나님으로부터 선물로 주어질 때 즉 은혜가 역사할 때 가능하게 되는 것이다. 믿음은 우리가 응답하는 행위요 우리에게 오셨고 또 오시는 신실하신 하나님과 바른 관계를 갖는 행위이다.

갈라디아 교인들은 하나님 아버지께서 임재하심으로 인하여 즐겁고 자유스러운 하나님의 자녀로 살 수 있게 되었다. 자유는 하나님의 아들과 딸로 한 가족이 되게 만들어 주었다 (4:5-6). 그러나 갈라디아 교인들은 "날과 달과 절기와 해를 삼가 지키"기 때문에 자유스럽게 행동한 사람들이 아니었다. 그들이 그리스도 안에 있는 믿음의 사람이라고 증거물을 모은 갈라디아 교인들은 자유인이 되었다기보다는 종의 신분을 택한 사람들이었다. 바울은 율법을 경시하지 않았다.

율법은 하나님이 정하여 준 것이며, 예수 그리스도 안에서 하나님께서 스스로를 계시하실 때까지 임시로 정하여 준 것이라고 바울은 변론하였다. 율법은 율법을 성취하지 못한 사람들에게 저주를 가져다 주었다. 그러나 예수께서는 우리를 믿음에 의지하여 아브라함의 약속을 기업으로 받게 하기 위하여 스스로 저수를 받으셨다. 여기서 율법학자의 변론을 사용하여 바울은 아브라함의 "자손"을 단수로 쓰고 있는데 이것은 하나를 가리키는 것으로서 그 하나는 그리스도를 가리킨다.

율법은 그 한 "자손"이 오기까지 임시로 준비하여 놓은 것이었다. 율법은 하나님의 약속에 배치되는 것도 아니고 대치하여 바꾸어 놓은 것도 아니다. 다만 율법은 보호자가 되어 우리로 하여금 그리스도 안에서 믿음으로 말미암아 우리가 성숙하여 질 때까지 보호하여 주는 것이다.

율법은 고대 사회에서 가정의 종이 주인의 아이를 학교에 데려가서 선생에게 넘겨주고 오는 것과 같았다. 그래서 율법은 젊은 자식이 보호자나 종이 없어도 자제할 줄 알고 신중을 기할 줄 알 때까지 젊은 자식을 수세기 동안 훈련시켜 주며 호위하여 주었다. 이제 그 자식을 그리스도에게 넘겨 주어야 한다. 그리스도 안에서 우리는 하나요 인종과 계급과 성의 차이도 없다. 유대인의 율법을 지켰든 안지켰든 모든 사람은 하나님의 약속을 기업으로 받는다 (3:21).

갈라디아 교인들은 서로 섬기기 위하여 자유를 얻은 사람들이다. 그들은 성령의 인도하심에 따라 창조적 삶을 살도록 자유를 얻은 사람들이다. 그들은 그리스도의 뜻에 그들의 삶을 맡기어 살도록 자유를 얻은 사람들이다.

그러나 자유는 우리가 하고 싶은 것을 마음대로 하라고 면허증을 주는 것이 아니다. 자유를 지배하는 원칙은 사랑이기 때문이다. 율법은 한 말에 집약되어 있는데 그것은 "네 이웃 사랑하기를 네 몸 같이 하라"는 것이다 (5:14). 사랑은 성령의 기본 열매이다. 누구든지 성령에 따라 사는 사람은 율법이 의도한 대로 사는 사람이다. 차이가 있다면 성령에 따라 사는 사람은 그리스도 안에서 순종하며 자유인으로서 사는 삶이지 율법에 속박되어 사는 삶이 아니라는 것이다. 자유는 필연적으로 책임이 따른다. 자유한 사람은 그가 원하는 것을 할 수 있는 사람이 아니요 죽음이 아닌 생명을 얻기 위하여 하여야만 할 일을 하는 사람이 자유한 사람이다.

바울은 갈라디아서를 건전한 도덕적인 권고로 끝을 맺는다 (5:25—6:10). 바울은 언제나 지시하고 명령한다는 사실을 기억할 필요가 있다. 바울은 그의 적수인 율법주의와 쾌락주의에 대항하여 은혜와 자유의 개념을 방어한다.

갈라디아서 6:17에서 바울은 "내가 내 몸에 예수의 흔적을 가졌다"고 말한다. 이 흔적을 가리켜 바울이 매를 많이 맞는 것을 의미한다고 말하는 사람이 있지만, 아마도 이 흔적은 그리스도의 십자가상의 상처와 동일형상의 흔적을 상징적으로 이야기하는 것일 것이다. 그러므로 바울이 강조하려는 것은 외적인 할례의 흔적보다 내적인 신앙의 흔적을 가리키고 있는 것이다. 이러한 해석이 갈라디아서의 결론에 적절한 해석이 될 것이다. (Thomas L. Hoyt, Jr.)

준비
바울이 갈라디아 교인들과 논쟁하기를 원하는 것이 무엇인지 유의하라.

정보
기독교인이 되기 전에 할례를 받아야 한다고 전하는 유대 계통의 기독교인들은 바울의 교역과 사도직을 도전하였다.

갈라디아서는 두 개의 큰 문제를 다룬다.
● 바울의 사도직에 대한 성격과 권위.
● 기독교인의 자유와 율법과의 관계.

바울은 그의 사도직을 의심하는 사람들에게 그가 부름받은 것이 그리스도로부터 직접 온 것이라는 것을 알려 주기 원하였다.

바울은 예수 그리스도의 복음에서 체험한 자유와 구원을 방어하기 위하여 갈라디아 교인들에게 서신을 썼다. 구원을 얻게 되는 것은 율법의 행위에서 나는 것이 아니요 믿음으로 말미암는 것이다.

율법은 예수 그리스도를 통하여 하나님 스스로를 나타내실 때까지 쓰기 위하여 주어진 것이라고 바울은 믿었다.

대화
갈라디아서에서 바울이 말하는 두 개의 문제는 무엇인가?

성경과 교재 (50분)
세 사람씩 한 그룹이 되어 갈라디아서의 중심이 되는 문제를 자기들의 말로 설명하여 보도록 하라. 틀림없이 각 그룹에서 제기하는 문제가 조금씩 달라질 것이다. 완성된 설명을 하나씩 읽고 분명하게 하기 위하여 질문이 있으면 질문하게 하라.

아래의 문제들을 한 번에 한 가지씩 생각하여 보는데 회원들이 매일 읽고 공부하면서 기록한 정보를 가지고 한 가지씩 생각하여 보라 : 할례, 모세의 율법, 예루살렘 회의, 믿음에 의하여서만 의롭다 함, 아브라함과 율법, 아브라함과 그리스도, 희랍문화, 유대교인들, 이방기독교인들, 유대계 기독교인들, 바울과 그의 역사.

이 편지에서 바울의 주장은 무엇인가? 반대파의 주장은 무엇이었는가? 만일 바울이 자기 주장을 꺾었다면 결과가 어떻게 나타나게 되었을까? 기독교인들은 하나님과의 관계에서 자유를 어떻게 이해하여야 되는가에 관하여 토의하라.

우리를 자유케 하시는 아들

소그룹으로 나누어 "규범"이라는 종교에 의존하여서 살려던 자신들의 경험에 대하여서 서로 이야기하게 하라. "성경의 가르침"에 있는 질문을 가지고 토의하라. 그런 후에 하나님과 관계된 규범에 의한 생활에서 자유를 경험하고 있는가 말하게 하라. 그렇다면 그 자유는 어떻게 하여서 얻게 되었는가? 그렇지 않다면 그런 자유를 경험하지 못하게 하는 것은 무엇인가? 무엇을 하라고 예수 그리스도가 우리를 자유케 만드시는가?

휴식 (10분)

말씀과의 만남 (25분)
성경구절 : 갈라디아서 5:16—6:10
한 회원으로 하여금 갈라디아서 5:16-26까지 읽게 하고 다음 회원이 6:1-10까지 읽도록 하라. 다음과 같이 질문하라 : 하나님에 대하여 무엇을 말하여 주는가? 인간에 대하여 무엇을 말하여 주는가? 하나님과 인간과의 관계에 대하여 무엇을 말하여 주는가?

제자의 표 (20분)
제자는 하나님과 이웃을 사랑함으로써 자유를 체험하고 또 그 자유를 나타낸다.
"인간의 상태"를 큰소리로 읽어라. "인간의 상태"에 서술되어 있는 대로 느꼈던 것을 서로 나누라.
"인간의 상태"에서 설명한 문제에 대한 갈라디아서의 메시지는 무엇인가? "제자의 표"에 있는 두번째 질문을 먼저 소그룹으로 나누어 답변하게 한 후 다음으로 전체 그룹에서 다루게 하라. 이 부분의 마지막 질문은 회중에 관한 문제에다 초점을 두고 있는데 그룹에서 공개적으로 할 수 있도록 만들어라.

폐회기도 (10분)
29과를 열고 금주의 기도제목을 적어라. 기도로 폐회하라.

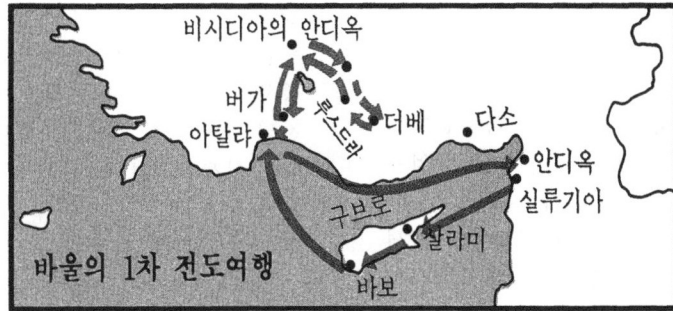

바울의 1차 전도여행

바울의 2차 전도여행

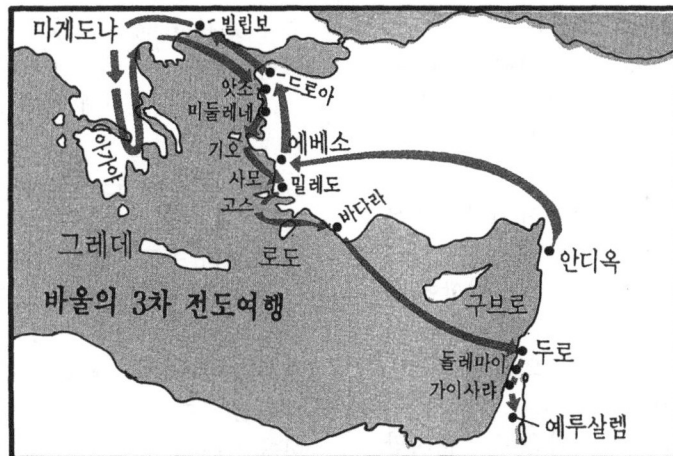

바울의 3차 전도여행

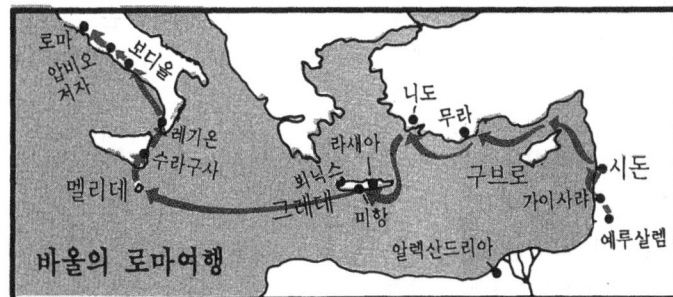

바울의 로마여행

29 사역자의 지도

토의 시작 (20-25분)

바울은 목회신학자였다. 그의 서신들은 작은 가정교회들 안에서 기독교인이 된다는 것이 무엇을 의미하며 또 무엇을 의미하지 않는지 생각하게 하여 준다. 바울 자신은 기독교의 첫번째 목사였다고 할 수 있다. 그의 편지들은 실제로 목회서신들이었다. 그러나 디모데전후서와 디도서만이 목회서신이라고 불려지는데 그것은 이 서신들이 교회 지도자의 입장에서 본 목회 제반 문제들을 다루고 있기 때문이다. 여기서 바울은 교회의 목사로 나타나지 않고 목사들의 목사 즉 감독과 같은 모습으로 나타난다.

대부분의 학자들은 바울의 추종자 중의 한 사람이 그의 이름을 빌어 이 서신들을 썼다고 생각한다. 이 편지들을 읽을 때 주의할 것은 초대 교인들이 직면하였던 문제들이 무엇인가 찾고 이러한 문제들이 지금 우리에게도 있는가 물어야 한다. 그런 뒤에 우리도 똑같은 충고를 줄 수 있는가 볼 수 있게 될 것이요, 우리 교회 지도자들로부터 똑같은 것을 기대할 수 있을지 알게 될 것이다.

바울의 교회들은 큰 문제 속에 빠져 있다. 바울은 어느 곳에서인가 모든 사람들이 자기를 버렸다고 말하고, 아무도 그가 전한 대로 복음에 진실하지 못하다고 생각한다. 그는 자신이 참된 사도라고 주장하기까지 하였다. 어떤 기독교인들은 그들이 말하는 것이 무엇인지조차 모르면서 이상한 가르침에 붙들려 있다. 이러한 이상한 가르침들은 아마 유대교의 색조를 띤 영지주의의 형태였을 것이다. 다른 자료들을 통하여 우리가 알고 있는 바이지만 1세기 말엽에 이 세상에서 일어나는 모든 일들은 운명을 좌우한다고 생각한 운성의 영향을 받는다는 생각이 성하였다. 이것은 오늘날 많은 사람들이 점성학에 큰 관심을 갖는 것과 같다. 또 그당시 그들은 영이 무엇인지, 어떻게 영이 몸에 들어오게 되었는지, 사람이 죽으면 영에 어떤 일이 일어날 것인지 등에 관한 의견이 구구하였다. 바울의 편지가 분명히 하고 있는 것은 이들에 대한 해답은 주지 않지만 그러한 가르침에 빠져 들어가지 않도록 독자들을 권면하고 있다는 것이다. 독자들은 바울 자신으로부터 배운 건전한 교리들을 지켜야 한다.

이 책의 저자는 특히 교회가 분열되고 확신이 흔들릴 때일수록 훌륭한 지도자가 필요함을 안다. 목회서신들은 교회 지도자에게 분명히 정하여진 책임이 있음을 전제하는데 바울 시대의 지도자의 자격은 성령이 시키는 대로 행함에 있었다. 그러나 그러한 가운데서 고린도전서 12과 에베소서 4에 열거된 여러 가지 책임들 중 포함되지 않은 감독의 직분이 발전된 것을 볼 수 있다. 교회조직이 어떻게 발전되고 형성되었는가는 복잡한 이야기로서 서로 상반되는 점이 많다. 중요한 것은 목회서신들은 초기에 실제로 있었던 교회 지도 체제보다 더 발전된 체제를 강조하고 있었다는 것이다. 예를 들면 여자의 역할이 실제상황보다 더 규제된 체제를 들 수 있다. 우리는 현재 우리가 가지고 있는 감독과 장로와 집사의 의무가 신약 시대의 지도자들의 의무와 동일하다고 간주하여서는 아니된다.

목회서신에서 우리가 찾아야 할 또 한 가지는 가정 식구들의 의무들을 규정하여 놓은 저자의 방식이다. — 남자, 여자, 청소년, 종들의 의무들. 우리는 또 에베소서, 골로새서, 베드로전서 등에서도 같은 것들을 본다. 이런 서신들 가운데서 신약성경의 기자들은 오래 전 희랍 저자들이 세워 놓은 제도를 따르고 있었다. 다른 말로 하면 이들 서신들은 교회의 특수한 제도들만을 인정한 것이 아니라 우리 시대와는 다른 사회제도와 가족제도를 인정하고 쓰여졌다는 것이다. 그러므로 우리는 이러한 서신들을 우리 상황에다 그대로 적용할 수 없다. 우리는 그 서신들이 말하고 있는 본 뜻을 찾으려 하여야 한다.

디모데전서 5에는 과부들을 위한 교회의 자선행위에 관한 규정들이 포함되어 있는데 그 내용을 보면 놀랍다. 여기서 기자는 남용을 방지하고자 한다. 여기서 저자는 여자들을 노동력으로 사용할 것이 아니라 홀아비들을 사용할 것을 뜻하고 있는 것 같다. 왜 고아들이 여기에 언급되지 않았는지는 알 수 없다.

그러나 초대교회에 있어서 이러한 것들이 얼마나 변형되었는지 사도행전을 보면 알 수 있다. 사도행전에 나타난 초기 기독교 공동체에서는 특별한 사람들을 위한 자선활동이 필요 없었다. 그 이유는 모두 가진 것을 나누어 썼기 때문이다. 이러한 형태의 공동생활이 왜 오래 지속되지 못하였는지 우리는 알 수 없다. 아마 그들이 소유하였던 것들을 모두 써버렸기 때문일 것이다. 그들은 그들의 재산을 가지고 생산 공급의 길을 모색하지 않았다. 예를 들어 그들은 도자기를 만들어 팔기 위하여 소비조합 같은 것을 조직하지 않았다. 신약성경 시대에 이러한 공동생활을 시도하였던 교회를 또 찾아볼 수 없다. 그 대신 기독교인들은 가난한 사람들을 돌보아 주기 시작하였고, 디모데전서는 이러한 구제사업도 그렇게 순탄한 것이 아니었음을 보여 준다.

마지막으로 이 서신들을 읽으면서 우리는 기독교 신앙의 요약에 우리의 눈을 돌려야 한다. 이들은 아마 초기 기독교인들의 신조와 신앙고백들로서 기독교 신앙의 기본이 되기에 저자가 인용한 것이라고 본다. 어느 시대의 기독교인이건 기독교인들은 하나님께서 예수 안에서 우리를 위하여 하신 가장 중요한 일을 늘 기억하여야 한다.

(Leander E. Keck)

준비

쿽 박사의 글에서 목회서신의 목적과 목회서신의 관점에 특별한 주의를 기울여라.

정보

바울은 목회신학자였다.

디모데와 디도에게 보낸 편지들을 목회서신이라고 부른다.

이 편지들은 지도자의 입장에서 본 목회문제에 관한 것이다.

대부분의 학자들은 바울의 추종자 중 한 사람이 바울의 이름으로 이 편지들을 썼다고 생각한다.

바울은 그가 전한 복음을 바로 이해하고 그대로 행하는 사람이었다고 생각한다.

어떤 기독교인들은 이상한 가르침에 사로잡혔었다.

바울은 독자들에게 그러한 가르침에 유혹되지 말고 건전한 교리를 붙들고 있으라고 권유한다.

이 서신들 속에서 발견된 기독교 신앙의 기본적인 것은 아마 초대 기독교인들의 신앙고백이나 신조들일 것이다.

대화

목회서신의 목적은 무엇이었나? 어떠한 관점에서 목회서신이 쓰여졌나?

성경과 교재 (50분)

교재에서 논의된 바울이 디모데에게 준 다섯 가지 권면을 중심하여 토의를 준비하라. 두 세 명씩을 짝지어 금주에 읽은 "성경 읽기"와 "성경의 가르침"에서 노우트한 내용을 가지고 바울이 다음의 항목들에 대하여 어떻게 조언을 하는지 요약하라 : (1) 신앙을 위하여 바른 교훈을 받음, (2) 열심히 가르침, (3) 영적인 권위와 지도력을 존경, (4) 가정을 돌봄, (5) 돈을 다룸. 이러한 문제들에 대한 우리의 관심은 무엇인가? "성경의 가르침"에 있는 질문에 답하라.

디모데서와 디도서에 나오는 신앙에 중심이 되는 교리들을 찾아 보아라. 예를 들면 디도서 1:1-3; 2:11-14; 3:4-7. 두 편지 속에서 다른 유사한 교리의 설명들을 찾아 보라.

회원들이 디도서에 대한 보고를 준비하였으면 한 번에 한 사람씩 이야기하게 하거나 패널형식으로 발표하면 좋을 것이다.

이것은 바울서신의 마지막 편지이므로 26과에서 공부한 바울서신의 구조를 그룹으로 나누어 다시 공부하면 좋을 것이다. 만약 회원들이 이미 그것을 끝냈으면 그들이 발견한 것을 보고하고 듣도록 하라.

휴식 (10분)

말씀과의 만남 (25분)

성경구절 : 디모데전서 6:3-20

한 회원으로 하여금 이 구절을 큰소리로 읽도록 하라. 다음의 질문을 하라 : 이 구절의 중심사상은 무엇인가? 오늘에 사는 우리들을 위한 이 구절의 의미는 무엇인가? 이 구절이 나 개인에게 주는 의미는 무엇인가?

제자의 표 (20분)

제자들은 믿음의 지도자들로부터 바른 교훈을 배우려고 힘쓴다. "인간의 상태"와 "제자의 표"를 큰소리로 읽어라. 다음의 질문을 가지고 토의하라. 어떻게 하면 지도자들과 마음을 같이하여 일할 수 있을까? "제자의 표"에 있는 첫 질문을 가지고 토의하라.

돈에 대한 개인의 지침을 공개하기 주저하는 사람이 있을런지는 모르나 그들의 지침을 쓰기 전에 생겼던 의문들에 대하여 나누기를 원하는 사람이 있을 것이다.

폐회기도 (10분)

30과를 열고 금주의 기도제목을 적어라. 기도로 폐회하라.

30 우리의 대제사장

개회기도 (5분)

토의 시작 (20-25분)

히브리서는 어려운 책이다. 히브리서는 설교나, 성경공부나, 개인의 기도생활에서 소홀히 당한다. 그러나 히브리서는 하나님께서 교회에 준 특별한 선물이다. 히브리서는 특히 하나님의 백성들이 낙심되어 있을 때나 기도생활이 산만하여져 있을 때 가치있는 선물이다. 그 선물을 풀고 그 선물의 성격을 알아 보자.

히브리서는 설교 형태로 되어 있다. 우리가 히브리서를 듣고 있을 때 실제로 우리는 초대교회의 설교를 듣고 있는 것이다. 우리가 히브리서를 대할 때에는 하나님의 말씀에 경청하고 사람들에게 관심을 두고 설교하는 목사의 설교를 듣는 태도로 접근하여야 한다.

히브리서 저자는 히브리서가 설교라고 우리들에게 알려 준다. 히브리서 끝에서 저자는 개인의 말을 첨가하면서 "내가 너희를 권하노니 권면의 말을 용납하라 내가 간단히 너희에게 썼느니라"고 말하고 있다. 이 "권면의 말"이라는 표현은 이 곳 외에 신약에서 사도행전 13:15에서 쓰여졌는데 회당에서 율법과 예언서를 읽은 후 따르는 설교를 가리킨다. "권면의 말"은 보통 설교를 의미한다.

설교는 하나님께서 하시는 말씀이다. 편지 서두에서 저자는 옛적에 이 모든 날 마지막에 아들로 우리에게 말씀하신 하나님을 알려 준다. 저자는 "모든 들은 것을 우리가 더욱 간절히 삼갈찌니 혹 흘러 떠내려 갈까 염려하노라"고 말한다. 1세기 회당에서 사용된 예배의 부름은 시편 95:7-8에 기초되어 있었다. "오늘날 그 음성 듣기를 원하노라… 너희 마음을 강퍅하게 말찌어다." 이 예배의 부름이 히브리서에서는 대 주제로 발전되었다. 성경에 보존된 하나님의 말씀은 살아 있다. 그 말씀은 꿰뚫고 들어간다. 그 말씀은 드러낸다. 그 말씀은 마음의 생각과 뜻을 알아 판단한다. 편지 전체를 통하여 하나님의 음성을 들어야 한다고 계속 강조한다. 설교의 절정은 경고이다. "너희는 삼가 말하신 자를 거역하지 말라 땅에서 경고하신 자를 거역한 저희가 피하지 못하였거든 하물며 하늘로 좇아 경고하신 자를 배반하는 우리일까 보냐." 하나님은 조용히 계시지 않는다. 하나님은 부재 중이 아니다. 하나님은 지금 이 시점에서 성경을 통하여 또 교회가 기억하고 있는 것을 나눔으로써 말씀하고 계신다. 하나님께서 말씀하실 때 제자는 들어야 하고 또 순종하는 마음으로 응답하여야 한다.

히브리서는 특별한 회중을 위해 준비되었다. 저자는 그의 독자를 개인적으로 아는 목사였다. 그는 "우리"라는 대명사를 사용함으로써 독자들과 스스로를 동일시 하였다. 저자는 회중들의 과거 체험을 잘 알고 있음을 나타내고 있다. 그는 그들을 곧 다시 방문하기를 원한다.

이 목사의 친구들은 가정교회를 이루고 있었다. 그들은 기독교인으로서 당면하는 계속되는 고전으로 인하여 지쳐 있었다. 그들은 무관심과 냉담의 태도를 나타내고 있었다. 교인 중에 어떤 사람들은 모임에 오지를 않았다. 그룹으로서 이들은 제자가 치러야 할 대가로 인하여 고전하고 있었다. 그들의 세계는 무너지고 있었다. 그리스도에게 헌신과 봉사를 한다는 것은 고통을 자초하는 것이었다. 그들에게 있어서 제자의 도리의 대가는 심각한 것이었다. 히브리서는 로마나 로마 주변에 있는 신자들을 위하여 쓰여졌다는 것이 일반적으로 알려진 사실이다. 이 제안은 10:32-34에 나타나 있다.

"전날에 너희가 빛을 받은 후에 고난의 큰 싸움에 참은 것을 생각하라 혹 비방과 환난으로써 사람에게 구경거리가 되고 혹 이런 형편에 있는 자들로 사귀는 자 되었으니 너희가 간힌 자를 동정하고 너희 산업을 빼앗기는 것도 기쁘게 당한 것은 더 낫고 영구한 산업이 있는줄 앎이라."
그 그룹은 새 신앙에 대한 대가를 용감하게 받아들였고 꿋꿋이 서 있었다.

고난을 참았다는 표현은 유대계 기독교인들이 주후 49년에 글라우디오 황제에 의하여 로마로부터 추방당한 어려움을 말한다. 모욕, 박해, 그리고 재산을 차압당하는 것이 추방명령 후에 따르는 결과이다. 히브리서를 이렇게 이해한다면 히브리서는 아굴라와 브리스길라가 로마로부터 추방당할 때 같이 추방당한 사람들을 위하여 쓰여졌다. 그들은 제도가 치러야 할 대가를 이해하였다.

히브리서는 이 추방 명령이 있은지 15년 후에 쓰여졌다. 이 추방당한 기독교인들은 지금쯤 나이가 들어 있었고 또 피곤하여 있었다. 새로운 위기가 생겼을 때 그들은 새삼스럽게 다시 고통을 당하여야 하였고, 그 때마다 헌신하는 제자의 과제를 당면하여야 하였다. 그러나 이번에는 상황이 더 심각하였다. "너희가 죄와 싸우되 아직 피흘리기까지는 대항치 아니하고" 라고 상기시키는 조언은 머지 않은 장래에 그들의 생명을 내어 걸고 그리스도께 헌신하여야 할 때가 오리라는 사실을 암시하는 구절이다. 목회서신의 저자는 "십자가를 참으사 부끄러움을 개의치" 않으신 그들의 승리자이신 예수를 바라보라고 강권한다. 예수를 바라볼 때 그들은 "피곤하여 낙심치" 않게 될 것이다. 새 언약의 백성들은 예수의 희생적인 죽음으로 하나님을 위하여 봉사하도록 임명되었다. 하나님을 위하여 임명을 받는다함은 헌신하는 제자의 모습을 말한다. 제자에게 주어진 과제는 예수를 닮는 것이다. 예수님은 치러야 할 대가에 상관치 않고 하나님의 뜻을 충실히 이행하셨다.

(William L. Lane)

준비

히브리서의 저자는 믿음이 연약한 기독교인들을 강하게 하기 위하여 이 서신을 썼다. 하나님에 대하여 말한 것과 하나님께서 말하시는 말씀에 유의하라.

정보

히브리서에서 우리는 초대 기독교인 설교를 듣는다.

히브리서는 하나님께 경청하라고 말한다.

하나님의 말씀은 성경에 보존되어 있으며, 살아 있으며, 마음을 꿰뚫고 들어가며, 마음의 생각과 뜻을 알아 판단한다.

하나님은 지금 이 시점에서 성경을 통하여 또 교회가 기억하고 있는 것을 나눔으로써 말씀하고 계신다.

히브리서는 제자가 치러야 할 대가로 인하여 고전하는 회중을 위하여 쓰여졌다.

그리스도께 헌신과 봉사를 한다는 것은 고통을 자초하는 것이었다.

제자는 제자기 때문에 지불하여야 할 대가에 상관하지 않고 예수를 닮는다.

대화

하나님은 오늘의 시점에서 성경을 통하여 또 교회가 기억하고 있는 것을 나눔으로써 어떻게 말씀하고 계신가?

성경과 교재 (50분)

토의의 중심점은 예수 그리스도의 우월성이다. 히브리서 저자가 쓴 예수의 우월성에 대한 논쟁을 찾아 보라. 회원들로 하여금 그들의 성경에다 표시하여 놓은 관련된 성경구절들을 낭독하게 하라.

히브리서는 믿음이 연약하여지는 문제에 대하여 말하고 있다. 신앙이 식어지는 증거를 설명하는 성경구절을 찾아 보라. 그리고나서 다음의 질문들을 가지고 토의하라. 필요한 인내와 참음에 관하여 히브리서는 어떻게 답변하는가?

히브리서는 신학적 논쟁 때문에 많은 사람들이 여기서 그 의미를 찾고 이해하기가 어려울지도 모른다. 그러나 다음의 두 질문이 도움이 될 수도 있다. 예수님도 우리가 직면하는 똑같은 시험을 당하셨다는 사실에서 어떤 점을 배우게 되는가? 예수의 희생이 당신의 생활에 어떤 의미를 주는가?

히브리서에서는 첫 계약과 새 계약 사이의 유사점과 차이점에 대하여 언급한 것이 많다. 회원들은 교재에 기록한 정보와 다른 정보를 사용하여 두 개의 목록을 만들어 첫 계약과 새 계약의 상이점과 유사점을 기록하면 좋겠다. 이러한 유사점과 상이점이 예수 그리스도의 우월성에 대한 가르침에 어떤 도움을 주는가?

휴식을 갖기 전에 다같이 일어서서 히브리서 11—13을 통성으로 또는 교독으로 크게 낭독하여 서로가 서로에게 충성할 것을 권고하라.

휴식 (10분)

말씀과의 만남 (25분)

성경구절 : 히브리서 4:14—5:14

한 회원으로 하여금 이 구절을 큰소리로 읽도록 하라. 개인적으로 다음의 내용을 적어 보도록 하라 : (1) 이 구절에서 새로 깨달은 사실, (2) 이 구절의 중심사상, (3) 이 구절이 오늘날 세상에 주는 의미, (4) 이 구절이 나 개인에게 주는 의미. 짝지어 이 네 가지 내용을 서로 나누도록 하라.

제자의 표 (20분)

제자들은 하나님의 용서하심을 받아들인다.

"인간의 상태"를 큰소리로 읽어라. 그런 후에 다음과 같은 질문을 하라. 여기서 설명한 문제에 대하여 희생과 용서는 어떠한 영향력을 미치는가?

회원들이 교재에 적은 답에 대하여 이야기하도록 인도하는 한 가지 좋은 방법은 교사가 먼저 자기의 답을 읽는 것이다. 어떤 사람은 의견을 달리할 수도 있고, 어떤 사람은 전체 그룹에서보다 소그룹에서 자기의 답을 발표하기를 더 좋아할 수도 있다.

폐회기도 (10분)

31과를 열고 금주의 기도제목을 적어라. 추가연구에 있는 찬송을 하나 부르고 기도로 폐회하라.

31 구별된 백성

토의 시작 (20-25분)

세례는 우리가 교회의 일원이 될 때 갖는 성례이다. 세례는 우리가 어디에 속하여 있으며 우리가 속하여 있는 단체가 무엇을 하고 있는지 우리가 안다는 표시가 된다. 또 세례는 우리가 하여야 할 일이 무엇인지 안다는 표시이기도 하다. 세례는 기독교인이 된다고 하는 것이 무엇을 의미하는지 보여 주는 상징이기도 하다.

이러한 세례행위는 그리스도의 몸에 접붙임을 받는 행위이기도 하다. 우리가 교회에 들어가게 되면 우리는 교회라는 공동체에 속하게 된다. 이것을 드러내기 위하여 세례는 하나님의 가족이 모인 가운데서 행하여진다. 세례가 의미하는 것은 무엇인가? 그것은 세례 때 사용되는 물이 상징하는 것을 보면 알 수 있다. 성경에서 물이 가진 의미는 중요하다. 이스라엘 백성이 마른 땅처럼 홍해를 건너 애굽인의 손에서 도피하였을 때 물은 그들의 구원이 되었다. 모세가 광야에서 마른 바위를 쳐서 생수를 얻었을 때 물은 그들의 힘이 되었다. 예수를 만난 우물가의 여인에게 물은 새로운 생명이 되었다.

그러나 물은 또한 죽음의 상징이기도 하다. 노아의 홍수 이야기에서 우리는 물이 가져올 수 있는 죽음과 파괴를 본다. 그러나 여기서도 물은 구원을 상징한다. 베드로전서 3:20-21은 "노아의 날…… 방주에서 물로 말미암아 구원을 얻은 자가 몇 명 뿐이니 겨우 여덟 명이라 물은 예수 그리스도의 부활하심으로 말미암아 이제 너희를 구원하는 표니 곧 세례라 육체의 더러운 것을 제하여 버림이 아니요 오직 선한 양심이 하나님을 향하여 찾아가는 것이라"고 하였다.

교회의 일원이 되는 세례는 마치 식민지의 일원이 되는 것과 같다. 위에서도 언급하였거니와 세례는 공동체적 행위이다. 세례를 통하여 전공동체가 하나로 묶여진다. 그 이유는 무엇인가? 교회가 항상 선언하였듯이 누가 세례를 받든지 그 세례 행위를 통하여 우리 자신이 받았던 세례를 갱신하는 기회가 되기 때문이다.

교회의 성격을 드러내는 하나의 상징으로서 집단 거주지를 들 수 있다. 집단 거주지는 어떤 문화권내에서 특정한 지역만이 다른 문화권에 속한 곳을 말한다. 어떤 사회나 문화권내에 있는 교회는 그의 특성을 주위에 비칠 수 있다.

교회의 의무는 첫째 베드로전서 2:9에서 말했듯이 "왕 같은 제사장들이요 거룩한 나라"가 되는 것이다. 이렇게 되기 위하여는 기름부음을 받고 성별되어야 한다. 이것은 우리를 특별한 백성이 되게 만든다. 교회는 우리가 기독교 문화 속에서 그리고 근본적으로는 기독교 국가에서 산다는 사실을 표명한다. 따라서 교회는 그의 특성을 드러내는 일에 관하여 염려할 필요가 없다. 그러나 교회는 그 스스로의 특성과 경계를 지닌 독특한 실체이다. 베드로전서의 기자가 전달하려는 것이 바로 이것이다.

이러한 집단 거주지의 구성원인 우리의 임무 중의 또 한 가지는 사람들을 무장시키는 것이다. 우리는 "아니오"라고 말할 수 있는 백성이 되도록 무장시켜 주어야 한다. 세상의 속임수에, 세상적 가치에 "아니오"라고 할 수 있도록 무장시켜 주어야 한다. 또 우리는 "예"라고 말할 수 있는 백성을 만들도록 도울 수 있다. 진리의 공동체로서의 교회에 "예"라고 응답하며 세상과 우리 자신을 똑바로 보도록 우리 자신을 무장시키기 위하여 "예"라고 응답하게 하여야 한다. 이것이 베드로전서가 말하여 주는 "거룩"이다. 우리는 하나님의 거룩한 백성이다. 성별된 백성이다. 하나님께서는 우리들을 "어두운 데서 불러내어 그의 기이한 빛에 들어가게 하신 자의 아름다운 덕을 선전하게" 하라고 명령하셨다 (2:9).

교회가 세례를 베풀 때마다 우리는 세상을 부인한다. 그리고 비록 세례받는 사람이 힘도 없고, 교육을 많이 받지도 않았고, 잘나지도 못하였지만 그가 중요한 존재라는 사실을 공포한다. 그 사람은 세상을 변화시키기 위한 하나님의 계획의 일부이다. 이런 의미에서 세례는 하나의 예언적 행위가 된다. 세례는 혁명적이요 세례받는 이들에게 큰 변화를 일으킨다.

세례가 지닌 그러한 특성 때문에 우리는 닥쳐올 고통에 대비하여야 한다. 교회의 일원이 될 때 우리는 씻김을 받고 거듭나는 생활에 관하여 듣는다. 그리스도와 함께 죽고 다시 산다는 이야기를 듣는다. 이 모든 것이 사실이다. 그러나 우리는 또한 십자가에 거꾸로 달려 죽었다고 전하여지는 베드로처럼 고난당할 준비가 되어 있어야 한다. 고난은 제자가 되기 위하여 치러야 할 대가이다 (베드로전서 4:12-14).

우리는 흔히 세례를 너무 가볍게 생각한다. 세례는 잘하였다고 등을 두드려 주거나 뺨에 입을 맞추어 주는 행위 정도가 아니라 모든 것의 재출발이 필요함을 말하여 준다. 이러한 변화에는 고통이 따른다. 그것은 하나의 인간으로서 성장하는 고통이 될 수도 있고, 제자로서 성장하는 고통이 될 수 있고, 모든 것을 버리고 하나님을 신뢰하는 고통이 될 수도 있다.

세례를 갱신할 때마다 우리는 이웃과의 유대관계를 갱신한다. 세례식은 우리가 다른 사람들을 필요로 한다는 사실을 강조한다. 우리는 우리 자신의 힘만으로 신앙생활을 할 수 없다. 우리는 우리의 잘못을 시정시켜 주고 우리를 뒷받침해 주고 우리에게 믿음의 이야기를 들려 줄 수 있는 사람들을 필요로 한다. 세례는 제자로서 얻게 되는 특전을 약속하여 준다.

세례를 통하여 주어지는 약속은 새로운 생명의 약속이다. 이 새로운 생명은 세례와 함께 지금 시작된다. 베드로전서 1:3은 "우리를 거듭나게 하사 산 소망이 있게 하시며"라고 하였다. 우리는 기독교인들로서 잃어버린 것도 있고 얻은 것도 있음을 발견하게 된다. 우리의 옛 사람은 없어지고 새 사람이 태어난 것을 알게 된다.

세례를 통하여 하나님께서는 "나는 항상 너와 함께 있으며 너의 하나님이 되고 너를 버리지 아니할 것이라"고 약속하신다. 이것은 우리가 고통 가운데서 서로 갖는 약속이기도 하다. 세례식 때마다 교회가 주는 약속도 마찬가지이다. "우리는 모두 한 가족입니다. 우리는 항상 당신 곁에 있을 것입니다." 이러한 약속은 우리가 어려움 속에 있을 때 큰 위로가 된다.

우리의 소망은 살아있을 때나 죽은 후에나 동일하다. 하나님은 영원히 우리를 사랑하시고 우리를 지켜 주신다. 마틴 루터는 세례를 "죽음의 예행연습"이라고 하였다. 세례는 믿음 속에서 모든 것을 하나님의 손에 맡기는 훈련 행위이다. 왜냐하면 우리는 생명을 대하듯 죽음도 대할 수 있기 때문이다.

세례가 주는 약속으로서 마지막으로 들 수 있는 것은 부활의 소망이다. 예수의 세례는 그의 죽음과 부활에서 성취되었다. 예수께서 세례받기 위하여 요단강의 물 속으로 들어갔던 것 같이 그는 십자가 위에서 죽었다. 그가 요단강의 물에서 나온 것같이 부활절 아침에 다시 사셨다.

우리가 세례받을 때 경험하듯이 물은 예수와 더불어 죽는 우리의 죽음의 약속을 상징한다. 그리고 그 물은 또한 예수와 더불어 갖게 되는 부활의 상징이다.　　　(William H. Willimon)

준비
세례는 우리를 세상과 구별하는 행위로서의 상징이라는 사실에 중점을 두고 준비하라.

정보
세례는 그리스도의 몸에 접붙임을 받는 것이다.
세례는 물이 의미하는 구원, 보존, 새 생명을 의미한다. 물은 죽음의 상징이지만 또 구원의 상징이다.
세례는 공동적인 행위이다.
우리는 성별된 하나님의 거룩한 백성이다.
교회가 어느 개인에게 세례를 줄 때마다 그 사람은 세상을 변화시키기 위한 하나님의 계획의 일부라는 것을 말하고 있는 것이다.
세례는 하나의 예언적 행위요, 혁명적 행위이다.
이러한 세례의 특성 때문에 우리는 또한 고통에 대비하지 않으면 안된다. 그것은 변화와 성장하는 고통이요 자신을 포기하고 하나님을 신뢰하는 고통이다.
세례식은 우리의 잘못을 시정시켜 주고, 우리를 뒷받침하여 주고 우리에게 믿음의 이야기를 들려 줄 수 있는 새 생명은 세례의 행위에서 시작된다.
세례는 우리가 죽음에 처할 때에 하나님을 신뢰할 수 있도록 살아 있을 때 하나님을 신뢰하라고 가르쳐 준다.
세례는 부활의 소망을 약속한다.

대화
세례는 어떻게 우리를 하나님의 백성으로 성별하여 주는가?

성경과 교재 (50분)
본과의 주제는 그리스도 안에서 새롭게 창조되는 것을 강조하고, 거룩하여지는 의미를 말하여 주고, 성별의 체험을 강조하고, 거룩하고 성별된 삶으로 인하여 오는 고통을 말하여 주고 있다.
짝지어 "성경 읽기"와 "성경의 가르침"을 읽으면서 노우트한 것을 가지고 다음과 같은 질문에 의거하여 토의하라. 베드로전후서에서 제자들은 어떻게 성별되어 있나? 거룩하고 성별된 삶으로 인하여 오는 고통은 무엇인가? 거룩한 삶을 정의 내린 후 전체 그룹에 보고하라. "성경의 가르침"에 있는 질문에 답하라.

휴식 (10분)

말씀과의 만남 (25분)
성경구절 : 베드로전서 3:8-17
한 회원으로 하여금 이 구절을 큰소리로 읽도록 하라. 다음의 질문을 하라 : 거룩하여지고 성별되는 뜻이 무엇인가? 3:15에 "너희 속에 있는 소망에 관한 이유를 묻는 자에게는 대답할 것을 항상 예비하되"라고 적혀 있는데 나의 "소망"은 무엇인가?

제자의 표 (20분)
제자들은 내적으로는 특별한 성품을 지니고 있으며 외적으로는 사랑의 징표를 지니면서, 그들은 다른 사람들과 다르며 특별히 구별된 백성이라는 것을 안다.
"인간의 상태"를 큰소리로 읽은 후 때로 자기가 느끼고 있는 감정을 잘 표현하여 주고 있다고 생각되는 문장을 찾아내게 하라. 몇 분 동안 "거룩"이라는 단어의 긍정적 또 부정적인 이해를 열거하라. 다음의 질문을 하라. 우리가 "거룩"이란 말을 긍정적 의미보다 부정적 의미로 해석하는 경향이 있는가? 있다면 왜 그런가?
"제자의 표"에서 설명된 사람과 "인간의 상태"에서 설명된 사람을 구별하여 놓는 것은 무엇인가?

폐회기도 (10분)
32과를 열고 금주의 기도제목을 적어라. 기도로 폐회하라.

32 소망의 생활

토의 시작 (20-25분)

요한계시록은 이해하기 어려운 상징과 영상으로 인하여 교회에서 도외시되는 경우가 많은 책이다.

우리는 이 책의 저자가 누구인지 정확히 알지 못한다. 그러나 우리는 그가 초대교회의 지도자였음을 안다. 그는 이 책을 보낸 소아시아의 교회들 사이에서 잘 알려진 사람이었다. 그의 말투로 보아 그는 그 교회들 가운데서 큰 권위를 부여받았던 것을 짐작할 수 있다. 그가 밧모섬에 유배되었던 것은 로마 정부로부터 받은 형벌이었던 것이 분명하다. 요한계시록은 그의 저자가 "요한"이었다고 말하지만 그가 제4복음서의 저자와 동일인이 아님이 분명하다. 요한계시록은 주후 90-96년경에 쓰여졌는데 이때에는 특히 소아시아에 있는 기독교인들이 심한 박해를 받던 시기였다. 그당시 소아시아의 교회들은 급성장하고 있었다. 여기서 소아시아라고 하는 곳은 지금의 터키를 말한다. 그곳에는 요한이 지적한 대로 일곱 교회가 있었다 : 에베소 교회, 서머나 교회, 라오디게아 교회, 빌라델비아 교회, 사데 교회, 두아디라 교회, 버가모 교회.

그당시 로마황제는 도미시안으로서 그는 자신을 신으로 숭배하라고 요구한 폭군이었다. 이 명령에 불복종하는 자는 사형에 처하여졌다. 요한은 이 한 편지 속에서 일곱 교회를 향하여 말하였다. 이들 각 교회는 서로 다른 문제들을 가지고 있었으나 요한의 메시지는 각 교회의 요구에 적합하였다. 요한은 편의 때문에 일곱 편지 대신 한 편지를 쓴 것은 아니었다. 그는 한 편지 속에서 그가 말하려는 것을 모두 전하면서 일곱 교회를 향하여 썼다. 각 교회에 독특한 사정이 있다 하여도 이 교회들을 하나로 묶어 주는 공통적인 유대가 있었다.

2—3에서 각 교회를 향한 글이 나온다. 이 부분에서 요한은 우선 각 교회를 향하여 "나는 너의 가치를 안다"고 칭찬의 말을 전한다. 그런 다음에 그는 비판하는 말을 하거나 격려하는 말을 한다. 그러나 요한계시록의 이야기 즉 요한의 환상들은 전교회를 위한 이야기이다. 박해를 받고 있는 성도들에게는 그것이 용기를 북돋아주기 위한 소망의 이야기요, 믿음이 뜨뜻미지근한 사람에게는 만약 그들이 진심으로 믿음의 생활로 돌아오지 않는다면 새 예루살렘에서 제외될 것을 환상을 통하여 경고하고 있다. 요한계시록을 읽음으로써 각 교회는 그리스도에 대한 믿음만이 그들이 직면하고 있는 박해를 견디어낼 수 있게 하여 준다는 사실을 알게 되었다.

우리는 성경을 읽으면서 그속에 있는 여러 가지 문학적 형태에 익숙하여졌다. 우리는 예언서, 지혜서, 찬송시, 서신, 설화, 설교 등을 읽었다. 요한계시록은 세 가지 다른 문학형식을 내포하고 있다. 그것은 묵시와 예언과 서신이다. 이 세 가지 유형을 좀더 자세히 살펴보면 다음과 같다.

그당시 묵시문학은 유대인들과 기독교인들 사이에서 매우 유행하던 형식이었다. 요한의 묵시적 환상들은 4—22에 기록되어 있다. 그는 하나님과 사단 사이에서 일어나고 있는 충돌 즉 결국 하나님이 승리하실 전쟁에 대하여 이야기한다. 그의 동료 기독교인들이 무서운 핍박을 당하고 있던 그당시 요한계시록 저자는 로마제국을 사단으로 표시한다. 요한계시록 11:7에서 저자는 사단을 짐승으로 표현하지만 하나님의 최후 승리에 대한 그의 환상은 로마에 의하여 투옥되고 고문받고 죽임을 당하고 있던 기독교 친구들에게는 큰 격려가 되었다. 묵시적 요소는 요한계시록의 주를 이루고 있다. 그러나 우리가 이 책에서 그것만 본다면 중요한 것을 놓치게 된다. 사실 이 책에서 묵시라는 단어는 단 한 번밖에 나타나지 않는다. 요한은 다섯 번 이 책을 예언이라고 표현한다.

요한은 자신을 히브리 선지자를 계승한 사람으로 생각하였다. 그도 또한 하나님으로부터 메시지를 받았고 그 메시지를 전하도록 하나님으로부터 부름을 받았다고 하였다. 다른 히브리 선지자들의 메시지가 잘못 이해되었던 것처럼 요한의 메시지도 잘못 이해된 것이 많았다. 그는 현재의 상황을 해석하기 위하여 이 글을 쓰고 있었지 미래를 예측하기 위하여 이 글을 쓰고 있는 것이 아니었다. 사랑하던 사람들을 향한 오늘의 권면으로 또 격려와 교육으로 이 책을 받아들일 때 우리는 요한계시록의 의미를 바로 이해할 수 있다. 예를 들면 요한은 에베소에 있는 교회를 향하여 "내가 네 행위와 수고와 네 인내를 알고… 또 네가 참고 내 이름을 위하여 견디고 게으르지 아니한 것을 아노라"(요한계시록 2:2-3)고 말한다. 이러한 글은 그 교회 교인들을 잘 알고 사랑하던 사람에 의하여 쓰여진 것임에 틀림없었다.

요한계시록은 또한 하나의 서신이다. 이 편지는 소아시아에 있는 일곱 교회에 보내어진 것이다. 요한계시록에는 서신들에서나 볼 수 있는 서두와 끝맺음을 볼 수 있다. 요한계시록 1:4 : "요한은 아시아에 있는 일곱 교회에 편지하노니 이제도 계시고 전에도 계시고 장차 오실 이와 그 보좌 앞에 일곱 영과 … 은혜와 평강이 너희에게 있기를 원하노라…"

이처럼 우리가 요한계시록이 세 가지 문학형태를 갖추고 있다는 사실을 이해할 때에 요한이 보여 주려는 것을 충분히 볼 수 있게 된다. 요한계시록은 묵시적 주제를 가지고 있으나 그것은 그것이 쓰여졌던 당시의 상황에 맞춘 것이요 특정한 일곱 교회에 보내어진 것이었다. 오늘날 우리도 이와 비슷한 상황에 처하여 있다는 것은 흥미로운 일이 아닌가? 어떤 기독교인들은 그들의 믿음 때문에 박해를 받는다. 어떤 기독교인들은 비밀리에 숨어서 예배를 드린다. 우리는 눈에 보이지 않는 적들과 투쟁할 때가 많이 있다. 우리들은 요한이 서술한 것처럼 궁극적인 악과 투쟁을 하고 있지 않지만 세속 사회에서 기독교인의 특징을 유지하려고 애쓰는 데서 오는 유혹과 투쟁을 하고 있는 것만은 사실이다. (실례로 뜨뜻미지근한 신앙 상태, 거짓 가르침, 사랑의 결여 등을 예로 들 수 있다).

요한계시록의 메시지는 3중적인 것이다. (1) 예수 그리스도는 궁극적으로 악을 정복하였다. (2) 악의 세력은 지금도 이 세상에서 활약하고 있다. (3) 믿는 자들은 악 앞에서 계속 투쟁하여야 한다. 이러한 주제를 강조한다는 것은 곧 하나님이 인간 역사를 주관하신다는 확신을 말하는 것이다. 궁극적으로 하나님은 승리자이시다. 만약 의인이 오늘날 고통을 당한다면 그것은 악을 드러내고 성도들을 시험하기 위한 하나님의 계획의 일환이다. 요한계시록이 박해받는 기독교인들에 대하여 큰 격려가 됨을 볼 수 있는가? 이 책은 그들이 현재 당하는 고난에 의미를 부여하여 주며 또 미래에 대한 희망을 갖도록 하여 준다. 이 소망은 우리를 우리의 비열함과 이기심에서 건져 주시고 하나님께서 진실히 믿는 자들에게 지키마 약속하신 것들을 상기시켜 준다. 요한의 글을 읽으면서 큰 희망이 솟아나는 것을 느낄 수 있는가? 진실로 요한의 말들은 하나님의 궁극적인 권능과 믿는 자들에게 주어질 구원을 증거함으로써 오늘날 우리들에게 소망을 가져다 준다. (Jorge González)

준비

그룹을 셋으로 나눈 후 각 그룹에게 다음의 세 질문 중 하나씩 지정하여 주고 집중적으로 답을 찾아 보도록 준비시켜라 : (1) 일곱 교회에 준 요한의 메시지는 무엇인가? (2) 요한계시록에 나타난 문학형태는 무엇인가? (3) 요한계시록의 메시지는 무엇인가?

정보

요한계시록은 주후 90-96년경에 쓰여졌다.

기독교인들은 신으로서 숭배받으려던 로마의 도미시안 황제 치하에서 혹독한 핍박과 고통을 당하고 있었다.

요한은 일곱 교회에게 한 편지를 썼다.

●이러한 핍박을 받는 교회들을 위하여 요한계시록은 용기를 돋우어 주는 희망의 이야기였다.
●신앙이 미지근한 교회들에게 요한계시록은 돌아와서 충성하라는 부름이었다.
●모든 교회를 위한 메시지는 오직 그리스도 안에서의 신앙만이 핍박 속에서 그들을 보존하여 줄 수 있다는 것이었다.

요한계시록은 묵시, 예언, 서신의 세 가지 문학적 형태를 포함하고 있다.

요한계시록의 메시지는 세 가지이다 :

●예수 그리스도는 악을 정복하고 궁극적인 승리를 얻었다.
●악의 세력은 아직도 세상에서 활약하고 있다.
●믿는 자들은 악과 대항하여서 싸워야 한다.

각 주제가 강조하는 것은 하나님이 인간역사의 주관자라는 확신이다.

대화

"준비"에서 지정하여 준 세 질문에 대한 답을 듣고 서로 토론하라.

성경과 교재 (50분)

교재를 준비할 때 다니엘서에 관한 과로 다시 돌아가서 그 묵시문학의 주제들과 성격 등을 재복습하라.

소그룹으로 나눈 후 다음의 구절들을 하나나 둘씩 지정하여 주라 : 요한계시록 1:4—3:22; 4—7; 8—12; 17—20; 21—22. 이 구절들을 공부한 후 다음의 질문에 답하도록 하라. 어느 구절들이 신앙을 지키게 하기 위하여 상징적인 용어로 희망과 격려의 메시지를 말하여 주고 있는가? 이 구절들이 오늘날 우리들에게 주는 의미는 무엇인가? 매일 노우트한 것을 사용하도록 하라.

두 그룹으로 나누어 학생용 교재에 있는 신약성경 시대의 사건들을 교독하도록 하라. 한 그룹에서 연대를 읽으면 다른 그룹에서는 사건을 읽어라. 그런 후에 전체 그룹이 같이 연대와 사건을 읽도록 하라. 요한계시록의 주제가 잘 나타나 있는 찬송들이 있다. 같이 찬송을 불러 보라.

"거룩 거룩 거룩"(9장); "면류관 가지고"(25장); "성도여 다 함께"(29장)

휴식 (10분)

말씀과의 만남 (25분)

성경구절 : 요한계시록 21:22—22:5

일제히 요한계시록 21:22—22:5를 읽어라. 한 사람이 이 구절을 다시 읽는 동안 눈을 감고 귀로 소리를 듣는듯, 눈으로 보는듯, 코로 냄새를 맡는듯, 손으로 만지는듯, 혀로 맛보는 듯 들어라. 오감으로 들은 내용들을 같이 나누어라. 이 구절이 주는 희망의 메시지는 무엇일까?

제자의 표 (20분)

제자들은 고난과 박해 가운데서도 하나님께 충성을 다한다.

"인간의 상태"를 읽어라. 어디에 승리가 있는가?, 어디에 희망이 있는가고 질문한다면 회원들은 어떻게 대답하겠는가 물어 보라.

"제자의 표"에 있는 질문들을 한 번에 하나씩 전체 그룹에서 또는 소그룹에서 대답하게 하라. 그런 후에 "제자의 표"를 같이 읽어라.

폐회기도 (10분)

33과를 열고 금주의 기도제목을 적어라. 기도로 폐회하라.

33 제자가 받은 은사

교사를 위한 글 : 본과는 내용과 순서가 먼저 공부한 것들과 다르다. 여기서 강조하는 것은 전도, 봉사, 종의 신분 등에 관한 것이다. 교회 내에서 봉사할 수 있는 선교 분야들을 제시할 준비를 하라. 회원들로 하여금 봉사할 장소를 찾아가도록 도와 주고 지원할 준비계획을 세워라. 회원들이 선교봉사를 계속할 수 있도록 서로 뒷받침하여 줄 수 있는 방법이 무엇인지 생각하여 보도록 하라.

제자들은 그들이 받은 은사를 다른 사람들을 위하여 사용한다.

개회기도 (5분)

토의 시작 (20-25분)

본과는 그리스도의 제자들에게 주어진 은사에 그 초점을 둔다.

세례받은 기독교인은 모두 사역자이다. 우리 중의 어떤 사람은 교회를 대표하는 목사들로, 또 말씀 전함과 성례전 집행과 치리의 부름을 받은 자로 안수를 받는다.

그러나 세례를 통하여 그리고 입교식을 통하여 우리는 모두 교회의 일반선교를 위하여 부름을 받았다. 제자란 바로 이것을 뜻한다. 즉 예수님을 대신하여 다른 사람들을 섬기기 위하여 우리의 재능과 은사를 사용하는 사람을 말한다.

바울이 자신을 표현하기 위하여 즐겨 사용한 표현 가운데 하나는 예수 그리스도의 사도라는 표현이었다. 사도라는 단어는 "파견하다" 또는 "내보내다"라는 희랍어에서 왔다. 그것은 바로 우리가 속한 집단 즉 사도들의 집단이다. 우리는 그리스도인들로서 이 사실을 항상 상기할 필요가 있다. 그리스도는 우리를 그의 사도로 부르셨고 또 사도로 내보내셨다.

렘브란트의 그림 중 하나가 이 사실을 감명깊게 묘사하고 있다. 그것은 "갈릴리 바다 위의 폭풍"이라는 그림인데 이 이야기는 마태복음 8에 나온다. 예수께서는 제자들과 함께 배를 타고 갈릴리 바다를 건너가고 있었다. 이 말은 그 배 위에 12명의 제자들과 예수, 도합 13명이 타고 있었다는 말이 된다. 그러나 렘브란트의 그림 속에는 배 안에 13명이 아니라 14명의 사람이 있다. 왜 그렇게 그렸을까? 그 화가가 잘못 그린 것이라고 생각하는 사람도 있을 것이다. 그 그림을 자세히 보면 누가 예수님인지 쉽게 찾아낼 수 있다. 베드로와 요한, 그리고 회의에 가득찬 일곱 모습을 한 사람은 도마일 것이다. 그린데 제자들 외에 또 한 사람은 누구일까? 익숙한 모습의 얼굴이다. 그는 공포와 불안에 싸여 있다. 두려운 나머지 그는 두 손으로 그의 뺨을 감싸고 있다. 그는 렘브란트 자신이다. 그는 배 안에 있는 열 네 번째 사람으로 자신을 그려 넣은 것이다.

렘브란트가 이 그림을 통하여 우리에게 이야기하려는 것은 그 자신이 풍랑을 두려워하면서 그리스도의 도움을 기다리고 있는 제자들에게 속하여 있다는 것이다.

그러나 이 그림은 또 우리 모두가 제자들과 함께 그 배 안에 있다는 사실을 보여 준다. 그리스도께서는 우리를 그의 사람으로 부르셨으며 우리는 그에게 속하여 있다.

바울은 또 자신을 예수 그리스도의 종이라고 불렀는데 이에 관하여는 나중에 다시 다루게 된다.

바울은 다른 기독교인들을 성도라고 불렀다. 그의 편지들은 거의가 다 특정한 곳에 있는 성도들을 향하여 쓰여지고 보내진 것이다. 우리는 모두 성도들이다. 이 말은 "성자"라는 말과 같다. 우리가 성자라는 말을 들을 때 생각나는 것은 무엇인가? 성당 스테인 글래스에 그려진 성자들을 연상하게 될 것이다. 아니면 우리가 섬기는 교회의 기둥 역할을 하는 일꾼이나 나를 그리스도의 제자로 양육하여 준 그의 역할을 연상하게 될 것이다.

말콤 머거릿지가 칼컷타의 테레사 수녀의 전기를 썼는데 그 책에서 이렇게 결론을 맺었다. "테레사 수녀가 성자인지 아닌지의 결정은 후손들이 할 것이다. 내가 그에 대하여 말할 수 있는 것은 그는 어두운 때에 밝게 타는 불빛이며, 잔인할 때에 그리스도의 사랑의 복음의 화신이다."

머거릿지는 여기서 구체적인 방법으로 "성자"라는 단어를 사용하고 있다. 어떤 사람은 성자를 "그리스도가 다시 살아계신 것같이 느끼게 하여 주는 사람"이라고 정의하였다. 우리는 테레사 수녀안에서 예수님이 살아계신 것을 볼 수 있다. 모든 기독교인들의 생활이 이와 같아야 할 것이다.

마틴 루터는 기독교인들을 "작은 그리스도"라고 부르기를 좋아하였다. 우리는 바로 "작은 그리스도"들이다. 그리스도가 우리를 위하여 계셨고 우리를 위하여 행하신 것을 본받아 우리도 남을 위하여 있고 남을 위하여 행하는 것이 우리의 과업이다.

이러한 요구는 그리스도의 제자가 된다는 것이 결코 쉬운 일이 아님을 말하여 준다. 우리는 옛 시인의 말을 기억한다 : "그리스도는 손이 없기에 우리의 손이 오늘 그의 일을 한다; 그리스도는 발이 없기에 우리의 발이 다른 사람들을 그의 길로 인도한다; 그리스도는 입술이 없기에 우리의 입술이 그가 어떻게 죽었는지 사람들에게 전한다; 그리스도는 도움받을 자가 없기에 사람들을 그의 곁으로 데려오기 위하여 우리가 그의 도움이 된다."

그러므로 우리는 그리스도의 살아계심을 느끼게 하여 주는 성자들이다. 우리는 인간의 육신을 입고 이 세상으로 오신 그리스도의 지속적인 임재를 알리기 위하여 하나님이 우리에게 주신 재능과 은사를 사용하도록 작은 그리스도로 부름을 받았다.

이러한 이야기는 결국 우리의 생활형태에 관한 논의로 귀결된다. 특별히 본과에서는 사도의 생활을 사는 방법들을 다루게 된다. 즉 인간관계에 있어서 우리가 받은 은사들을 어떻게 사용하느냐는 방법을 말한다. 그렇기 때문에 우리의 생활방식은 이 세상에서 그리스도의 사역자 또는 그리스도의 제자가 되고자 하는 우리에게 있어서 실제적이며 중요한 문제가 된다. 그것은 어떤 생활형태를 말하는가? 예수의 생활형태를 말하는가?

전 신약성경을 통하여 예수를 가장 아름답고 감동적으로 기술한 부분이 있다면 그것은 빌립보서 2:5 이하의 말씀이라고 나는 생각한다. 아마 여러분 중의 더러는 이 구절을 외고 있을 것이다. "너희 안에 이 마음을 품으라 곧 그리스도 예수의 마음이니 그는 근본 하나님의 본체시나 하나님과 동등됨을 취할 것으로 여기지 아니하시고 오히려 자기를 비어 종의 형체를 가져 사람들과 같이 되었고 사람의 모양으로 나타나셨으매 자기를 낮추시고 죽기까지 복종하셨으니 곧 십자가에 죽으심이라 이러므로 하나님이 그를 지극히 높여 모든 이름 위에 뛰어난 이름을 주사 하늘에 있는 자들과 땅에 있는 자들과 땅 아래 있는 자들로 모든 무릎을 예수의 이름에 꿇게 하시고 모든 입으로 예수 그리스도를 주라 시인하여 하나님 아버지께 영광을 돌리게 하셨느니라."

이 구절은 예수님의 모습을 잘 표현하여 줄 뿐만 아니라 우리를 향한 부르심이요 또 우리 생활이 어떠하여야 할 것을 규정하여 주는 말씀이다. "너희 안에 이 마음을 품으라 곧 그리스도 예수의 마음이니…… 종의 형체를 가져." 여기서 우리는 바울이 두번째 즐겨 쓰는 자기 표현으로 돌아간다. 그것은 예수 그리스도의 종이라는 개념이다.

많은 사람들은 종이라는 개념을 별로 좋아하지 않는다. 그러나 우리가 신약성경을 읽으면서 이것이 예수의 목회형태를 말하여 주는 가장 독특한 성질의 것임을 알게 된다. 예수께서는 이것이 바로 예수께서 우리에게 원하시는 생활형태임을 분명히 하셨다. "너희가 여기 내 형제 중에 지극히 작은 자 하나에게 한 것이 곧 내게 한 것이니라" (마태복음 25:40).

이제 우리에게는 하나의 큰 도전이 있다. 우리가 예수님을 섬기는 방식과 예수께서 우리를 종으로 부르시는 것 사이에는 큰 차이가 있다. 우리의 섬김은 항상 주관적인 판단과 결정에 기초된다. 우리는 누구를, 언제, 어디서, 또 어떻게 섬길 것인가 우리가 선택한다. 결국 우리가 주인이 된다. 그러나 예수께서는 우리가 종이 되라고 부르신다. 이 부르심을 받아들일 때 우리는 우리의 주권을 포기한다. 놀라운 일은 우리가 우리의 주권을 포기할 때 우리는 놀라운 자유를 경험하게 된다는 것이다. 우리는 항상 남을 위하여 열려 있는 상태로 바뀌어지게 된다. 그리고 우리는 남의 발에 채이거나 조롱을 당하거나 이용당할 것을 두려워하지 않게 된다. 이러한 것들이 우리가 가지고 있는 기본적 두려움이 아닌가? 우리는 약자의 입장에 있기를 원하지 않는다. 우리가 모든 것을 주관하기를 원한다. 남에게 이용당하기를 원하지 않는다.

그러나 우리가 진정으로 종의 입장을 선택한다면 우리는 궁극적인 의미를 지닌, 그리고 우리 전생애를 재형성해 주는 결정을 내리는 것이 된다. 우리 마음대로 자만심을 일으키는 봉사가 아니라 종의 위치에서 봉사할 때 우리는 권능과 활력과 기쁨과 의미를 얻게 된다. 우리의 은사를 종의 입장에서 사용할 때 그리스도의 몸이 우리 가운데서 살아 움직이게 되고 교회는 이 세상에서 그리스도의 삶을 반복하게 된다.

(Maxie Dunnam)

준비

이 "토의 시작"은 제자화를 위한 성경연구를 마치면서 개인적으로나 그룹으로써 회원들이 하여야 할 사역을 놓고 심각하게 결정하는 도전의 시간이다.

정보

기독교인은 모두 사역자이다.

세례식과 입교식에서 우리 모두는 교회의 일반선교를 위하여 위임 받았다.

우리는 사도들의 집단에 속한다.

우리는 그리스도에 의하여 부름을 받았고 또 위임을 받았다.

바울은 자신을 노예 또는 종이라고 불렀다.

바울은 다른 기독교인들을 성도라고 불렀다.

루터는 기독교인들을 "작은 그리스도"들이라고 불렀다.

제자가 받은 은사

예수님의 생활형태는 우리의 생활형태의 본보기가 된다. 예수님은 우리에게 종들이 될 것을 요구하신다.

우리는 대개 우리가 주도권을 가진 상태에서 봉사하려고 한다.

그러나 우리가 예수의 방식을 선택할 때 우리는 우리의 주권을 포기하게 된다 :

● 우리는 항상 남을 도와 줄 준비가 되어 있으며 희생할 각오가 서 있다.
● 우리는 남에게 짓밟히거나 이용당한다는 두려움을 잃게 된다.
● 우리는 자유를 경험한다.

대화

우리가 어떻게 하면 남을 위한 사역자가 될 수 있을까?

은사에 관한 논의 (2시간)

매일 읽어야 할 성경구절에서 한 부분을 골라 큰소리로 낭독하게 하라. 낭독할 때에는 변화있게 진행하는 것이 좋다. 때로는 그룹이 다함께 읽거나 한 사람이 읽을 수도 있다. 그리고 나서 두 사람씩 짝지어 교재에다 기록한 그 성경구절과 관련된 대답을 간결하게 서로 이야기하게 하라. 파트너를 서로 바꾸어 읽은 성경에 대한 반응을 설명하게 하라.

그런 후에 선교활동에 사용할 수 있는 각자의 은사에 관하여 토의하도록 지도하라. 성경반 회원 전원이 차례로 돌아가면서 이번 주 동안에 성경과 교재를 공부하면서 자신들에 관하여 무엇을 배웠는지 발표하게 하라. 각자가 1분씩 이야기하도록 시간을 제한하라.

돌아가면서 각자에 대한 긍정적인 인상을 말하여 주어서 서로 서로 격려하도록 하라. 한 사람에게 5분씩 시간을 할당하되 교사도 포함시켜라. 그리고 그 회원이 원하는 선교봉사에 관하여 하나님의 인도하심을 구하는 기도를 드려라.

휴식 후에 교재의 일곱 가지 은사를 다루고 있는 부분을 공부하라. 선교를 위한 은사에 대하여 각자가 생각하는 바를 토의하고, 각자의 은사에 대하여 의견을 모으도록 하고, 교재에 마련된 공간에다 그들이 얻은 결론을 기록하게 하라. 회원 전원이 헌신의 서약을 작성한 후 차례로 그들이 서약한 것이 무엇인가를 그룹에게 말하게 하라. 이 작업을 기도로 마쳐라.

선교를 위한 이들의 헌신 결단이 어떻게 교회에게 전달되고 각자가 서약한 바와 같이 봉사할 기회를 갖도록 도와줄 수 있는지 연구하라.

폐회기도 (10분)

34과를 열고 성찬식 예배를 위하여 성경 읽을 사람을 선정하라. 기도로 폐회하라.

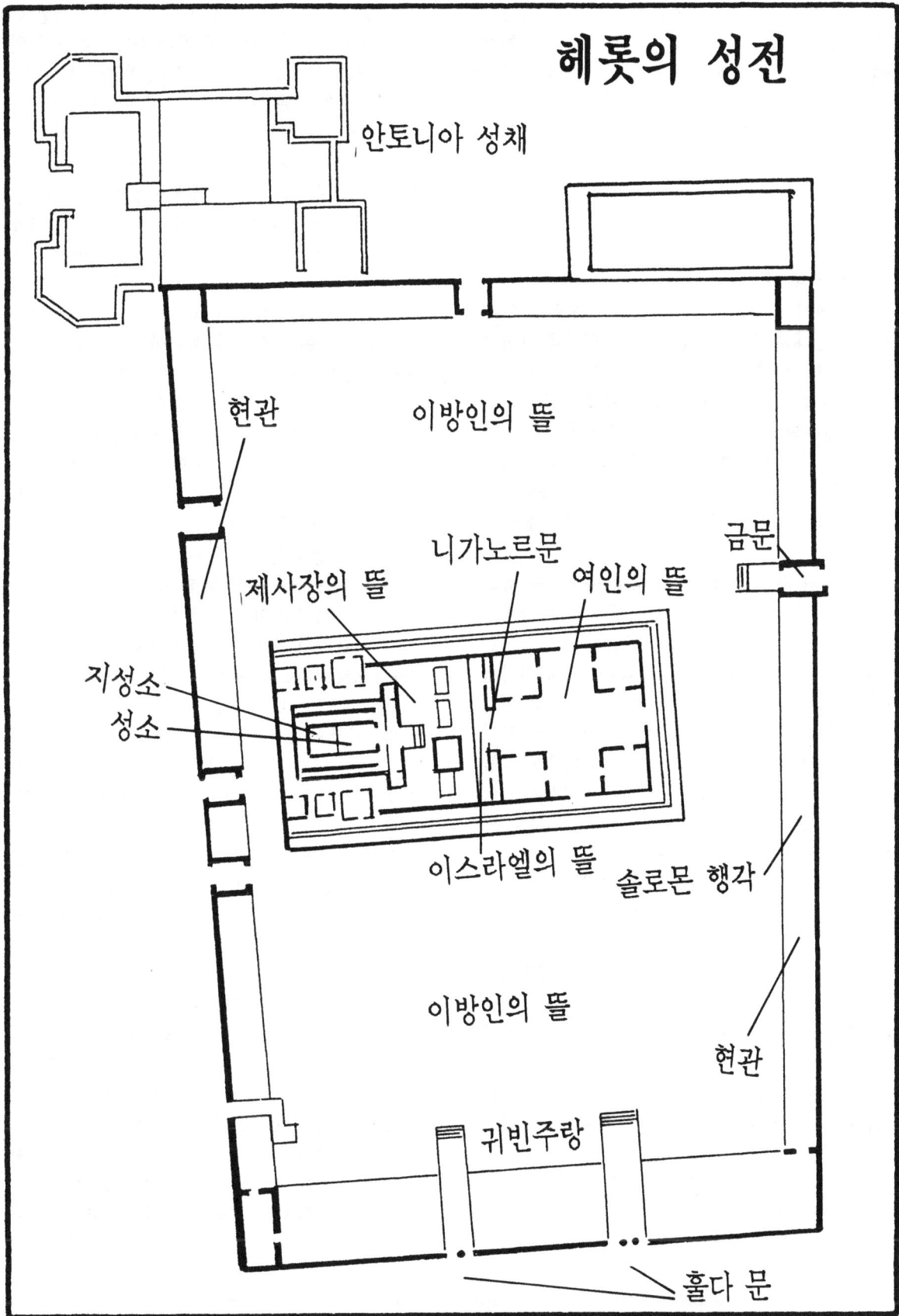

헤롯의 성전

안토니아 성채

현관

이방인의 뜰

니가노르문

제사장의 뜰

여인의 뜰

금문

지성소

성소

이스라엘의 뜰

솔로몬 행각

이방인의 뜰

현관

귀빈주랑

훌다 문

34 최후의 만찬

교사를 위한 글 : 금주의 모임은 그 순서와 내용이 지나간 몇 개월 동안의 내용과 다르다. 모임이 시작되기 전에 성찬식에 필요한 것들을 준비하라. 인도자가 안수받은 목사가 아니거나 그 중에 안수받은 목사가 없으면 성찬식을 집행할 수 있는 안수받은 목사님을 초청하라.

개회기도 (5분)

토의 시작 (20-25분)

구약과 신약에서 많이 나타나는 단어 중에 하나는 언약이라는 단어이다. 구약에서 사용된 언약이라는 단어는 원래 앗수르어에서 유래되었는데 그 뜻은 "묶는다"라는 의미를 가지고 있다. 물론 구약에서는 이 단어를 하나님과 특별한 관계를 맺는 의미에서 사용하였다. 하나님과 특별한 관계를 맺는다는 것은 하나님에게 결속되는 것을 의미한다. 하나님에게 한 번 결속되면 우리가 어렵다고 하여서 맘대로 결속을 풀고 빠져나가지 못한다. 우리는 자진하여서 하나님에게 결속되었기 때문에 우리가 허약하여졌다고 하여서 그 결속을 마음대로 풀 수 없다.

그렇지만 이 언약 관계는 하나님께서 항상 주도권을 잡고 계신다. 우리는 하나님의 은총에 응답할 뿐이다. 아브라함의 경우가 그러하였고 모세의 경우가 그러하였다. 예레미야는 그의 예언에서 "날이 이르리니 내가(하나님)…… 새 언약을 세우리라…… 그들이 다시는 각기 이웃과 형제를 가리켜 이르기를 너는 여호와를 알라하지 아니하리니 이는 작은 자로부터 큰 자까지 다 나를 앎이니라"고 예언하였다. 그 이유는 그들이 그 언약을 마음속에 새겨 두었기 때문이다. 이 새 언약이야말로 예수 그리스도에게서 성취되었다. 하나님의 아들인 예수는 모든 인간과 맺어질 언약의 표로 이 땅에 오셨다. 이 언약의 표야말로 온 인류를 위한 구원의 상징이었다.

하나님께서 이 언약의 주도권을 잡고 계시고 인간은 그 주도권에 응답할 때만 우리는 하나님이 우리의 하나님이라는 사실을 깨닫게 된다. 그 하나님은 사랑의 하나님이고, 어버이같은 하나님이고, 공의로운 하나님이고, 그리고 우리를 구원하는 하나님이시다. 우리는 하나님의 백성이 되겠다는 뜻만 표하면 된다. 만약 우리가 하나님의 백성이 되려면 그 하나님으로 하여금 우리의 하나님이 되도록 우리는 허용하여야 한다. 하나님은 우리의 창조주시요 우리는 그의 피조물이라는 사실을 인정하고 그에게 순종할 때에 하나님은 우리의 하나님이 되신다. 이 관계만이 하나님은 우리의 창조주시요 우리는 그의 피조물이라는 사실에 의미를 부여하여 주게 된다.

문제는 하나님과 이 언약을 맺은 후에 어떻게 우리가 그것을 지킬 수 있는가이다. 우리가 하나님과 맺은 언약을 지키려면 우리는 우리의 이웃 상호간에 언약을 맺어야 한다. 우리들은 하나님과 맺은 언약을 지키기 위하여 서로를 요하게 된다. 우리들은 죄인들이다. 우리는 용서받은 죄인들이다. 우리는 치유를 받고 있는 죄인들이다. 그러나 우리 각자에게는 하나님에 대한 반항의 잔여가 아직도 남아 있다. 물론 하나님을 향한 이 반항이 곧 죄이다. 우리들은 죄된 세상에 살고 있다. 우리가 죄된 세상에서 산다는 것은 하나님에게 순종하며 산다는 것이 쉽지 않다는 사실을 의미한다.

다시 말하여서 이 죄된 세상 속에서 하나님께 순종하며 생활하려면 우리는 특별한 훈련이 필요하다는 말이다. 이러한 훈련이야말로 제자가 되는 근원이 된다. 그렇기 때문에 우리는 이 성경연구 교재를 제자훈련 교재라고 명칭하고 있다. 제자라는 뜻은 "배운다"는 뜻을 의미한다. 하나님과 어떻게 하면 올바른 관계를 맺을 수 있을까를 배우는 것을 의미한다.

신앙의 훈련으로서 하나님과 특별한 관계를 맺는 방법을 잘 배운 사람들이 초대 감리교 신자들이었다. 그들은 제자가 되기 위하여 철두철미한 훈련을 쌓았기 때문에 감리교인(규칙쟁이)이라는 별명을 얻게 된 것이다. 그들은 일주일에 한 번씩 속회를 보자고 언약을 맺었다. 매주 속회로 모일 때마다 그들은 서로간의 책임을 추궁하였다. 그들은 이 책임 추궁을 "사랑으로 서로 감시하는 것"이라고 말하였다.

물론 이러한 제도는 감리교인들이 창안하여 낸 훈련은 아니었다. 영국의 초대 청교도들이 사용하던 제도와 표어를 철저한 제자가 되기 위하여 자기들 나름대로 이 구절을 그들의 표어로 삼았던 것이다. 바로 이러한 훈련이 언약의 내용을 내포한다.

이러한 내용이 잘 집중되어 있는 곳이 언약을 재다짐하기 위하여 요한 웨슬레가 시작한 언약예배이다. 요한 웨슬레도 17세기에 쓰여진 장로교의 기도문을 인용하여 이 예배문을 작성하였다. 웨슬레가 처음 사용한 기도문은 다음과 같다.

당신의 손에 저를 의탁하나이다.
당신의 뜻대로 저를 쓰시옵소서.
당신이 원하는 대로 저의 위치를 정하여 주시옵소서.
나로 하여금 행함이 있게 하옵소서.
나로 하여금 고난을 받게 하옵소서.
당신이 원하시는 일 저에게 맡겨 주시옵소서.
당신만을 위하여 칭찬을 받게 하옵시고
당신만을 위하여 짓밟히게 하옵소서.

나로 하여금 충만케 하옵소서.
나로 하여금 비우게 하옵소서.
나로 하여금 모든 것을 소유케 하옵소서.
나로 하여금 아무 것도 소유치 못하게 하옵소서.
나는 허물없이 진정으로
당신의 임의처분에 맡기나이다.

제자훈련 교재에서 보는 바와 같이 언약예배는 성찬식으로 끝을 맺는다.

그가 배신을 당하던 날 밤에 예수님께서는 제자들과 함께 만찬을 나누셨다. 이 만찬에서 예수님께서는 이 만찬이 너희를 위하여 하나님과 새로 맺은 언약이라고 분명하게 말씀하셨다. 이 새 언약으로 하나님께서 인류를 구원한다고 약속하셨다. 이 새 언약은 그의 몸과 피의 희생으로 가능하게 된 것이다. 초대교회 때부터 이 새 언약은 공동체가 같이 떡을 뗄 때는 상황 가운데서 기념되었다. 오늘날 우리들은 그것을 성찬식으로 기념한다. 이 제자훈련 성경연구를 마치는 날 떡을 같이 떼고 잔을 같이 돌리는 과정에서 우리는 어느 때보다 더 예수 그리스도에게 가까워짐을 체험하게 될 것이다. 이 떡을 같이 떼면서 또 이 잔을 같이 마심으로써 그리스도의 제자로서 기쁜 마음으로 하나님의 새 언약에 헌신할 것을 다짐하는가? 하나님께서 전 인류를 구원하실 약속을 기억하면서 작은 자로부터 큰 자에 이르기까지 다 그를 알 때까지 우리는 순종하는 마음으로 하나님을 섬길 것을 다짐하여야 한다.

(David Watson)

성경과 교재 (50분)

"언약", "성찬", "헌신" 등 세 가지 단어를 본과의 초점으로 선택하라. 먼저 회원들에게 읽은 성경구절과 교재에서 다음의 진술에 적합한 언약의 징표들을 찾아내도록 하라 : "우리는 아브라함과 사라의 신앙체험에 뿌리를 박고 있는 언약 백성이다." 우리는 아브라함과 사라가 체험한 언약을 어떤 면에서 똑같이 체험하고 있는가? 계속하여서 회원들로 하여금 다음의 진술에 맞는 언약의 징표들을 교재와 성경에서 찾게 하라 : "우리는 예수 그리스도에게 뿌리 박은 새로운 언약 백성이다." 새로운 언약 백성이 나타내야 할 표시는 무엇인가?

헌신의 문제를 연구할 때 헌신하는 생활의 예로 산상수훈의 구절들을 중심하여서 공부할 수도 있을 것이다.

본과의 "제자의 표"는 헌신에 관한 것이다 : 제자들은 하나님이 뜻하시는 대로 섬길 것을 약속하고 그들의 삶을 하나님께 맡긴다. 회원들로 하여금 헌신의 생활과 "인간의 상태"에 적혀 있는 하나님의 말씀을 쉽게 잃어버리며 사는 생활 사이의 다른 점을 찾도록 하라.

본과의 주제는 "기억"인데 대부분의 활동들이 기억에 그 초점을 둔다. 본 교재 32과 끝에 있는 성경연구 과정을 돌이켜 보며 기억하라에 기록한 것을 아직 나누지 않았다면 이 시간에 함께 이야기하면 좋을 것이다.

말씀과의 만남 (25분)

성경구절 : 고린도후서 3:2-6

한 회원으로 하여금 이 구절을 큰소리로 읽도록 하라. 회원들로 하여금 이 구절을 자기들의 말로 의역하여서 써 보도록 하라.

준비

오늘의 "토의 시작"은 "대화"가 없이 직접 성찬식으로 연결하여 준다.

정보

"언약"이란 단어는 구약과 신약에 있어서 중요한 개념이다.

언약은 하나님과의 관계에 결속되어 있는 것을 의미한다.

하나님과의 언약관계는 항상 하나님이 주도권을 쥐고 시작하신다. 그리고 우리는 하나님의 은혜에 응답한다.

예레미야는 새로운 언약을 예언하였는데 그것은 하나님의 율법이 각 사람의 마음속에 쓰여질 것이라는 언약이었다.

예수 그리스도는 이러한 새 언약을 구체화시켰다.

하나님은 사랑하시고, 어버이 같으시고, 공의로우신 분이시다.

공의로우신 하나님은 우리를 구원하시는 하나님이시다.

하나님의 피조물로서 우리는 하나님께 순종할 때에 언약관계를 맺을 수 있다.

하나님과 맺은 언약을 지키기 위하여 우리는 다른 사람들과 언약을 맺어야 한다.

성찬식을 통하여 우리는 어느 때보다 더 예수 그리스도에게 가까워질 수 있다.

휴식 (10분)

언약 예배 (30분)

언약 예배를 위한 특별순서를 맡은 사람들로 하여금 시간 전에 모든 준비를 갖추도록 하라.

축도로 예배를 마치면서 본 제자훈련 성경연구를 끝마친다.

DISCIPLE Group Members

Name _____   Address _____

Phone _____   _____

Name _____   Address _____

Phone _____   _____

Name _____   Address _____

Phone _____   _____

Name _____   Address _____

Phone _____   _____

Name _____   Address _____

Phone _____   _____

Name _____   Address _____

Phone _____   _____

Name _____   Address _____

Phone _____   _____

Name _____   Address _____

Phone _____   _____

Name _____   Address _____

Phone _____   _____

Name _____   Address _____

Phone _____   _____

Name _____   Address _____

Phone _____   _____

Name _____   Address _____

Phone _____   _____